信息化背景下
高校教育模式之创新研究

郭　云◎著

中国原子能出版社

基础，重点分析了信息化背景下高校教学媒体创新、信息化背景下高校教学资源利用、信息化背景下多媒体教学技巧；第四章为信息化背景下高校教学模式创新的实践，重点包括三部分内容，分别为信息化背景下高校翻转课堂教学模式、信息化背景下高校慕课教学模式、信息化背景下高校其他创新教学模式；第五章为信息化背景下高校教学模式创新的保障，主要从创设信息化智慧教学环境、构建科学教学评价体系、提升高校教师信息化能力与素养三方面加以论述。

在撰写本书的过程中，作者得到了许多专家学者的帮助与指导，参考了大量的学术文献，在此表示真挚的感谢。本书内容丰富新颖、系统全面，论述深入浅出、条理清晰，但由于作者水平有限，书中难免会有疏漏之处，希望广大同行批评指正。

作　者

目　录

第一章　信息化背景下高校教育新思考 ·················· 1

　　第一节　信息发展对教育的影响 ·················· 1

　　第二节　国家《教育信息化 2.0 行动计划》解析 ·········· 10

　　第三节　教育信息化与师生可持续发展 ·············· 14

　　第四节　教育信息化与学科课程整合 ··············· 20

第二章　信息化背景下高校教学模式创新理论研究 ·········· 35

　　第一节　教学模式与信息化教学模式的内涵界定 ········· 35

　　第二节　信息化教学与传统教学模式的差异 ··········· 39

　　第三节　信息化教学模式建构的支柱类型 ············ 43

　　第四节　信息化教学模式的新探索 ··············· 67

第三章　信息化背景下高校教学模式创新的基础 ··········· 72

　　第一节　信息化背景下高校教学媒体创新 ············ 72

　　第二节　信息化背景下高校教学资源利用 ············ 82

　　第三节　信息化背景下多媒体教学技巧 ············· 96

第四章　信息化背景下高校教学模式创新的实践 ·········· 107

　　第一节　信息化背景下高校翻转课堂教学模式 ········· 107

　　第二节　信息化背景下高校慕课教学模式 ··········· 121

　　第三节　信息化背景下高校其他创新教学模式 ········· 131

第五章　信息化背景下高校教学模式创新的保障 ················· 142

　　第一节　创设信息化智慧教学环境 ······················ 142

　　第二节　构建科学教学评价体系 ······················ 150

　　第三节　提升高校教师信息化能力与素养 ··············· 173

参考文献·· 179

第一章　信息化背景下高校教育新思考

本章为信息化背景下高校教育新思考，重点阐述四部分内容，分别为信息发展对教育的影响、国家《教育信息化 2.0 行动计划》解析、教育信息化与师生可持续发展以及教育信息化与学科课程整合。

第一节　信息发展对教育的影响

一、信息发展对教育体系的宏观影响

从某种意义上来讲，信息化是一个社会性的发展过程，它对教育发展有广泛的影响，同时涉及的教育领域也较多。它不仅影响着教育的整个过程，同时在无形中也影响着教学体系的构建。此外，信息技术还可以通过对社会的作用来间接影响教育体系。从具体上来讲，信息技术发展对教育主要有以下几方面的影响。

（一）促进教育教学改革

信息技术的发展无疑对人类的生产生活、学习工作方式产生了重大影响，同时它也为人类社会发展创造了无限可能。目前，多媒体技术及通信技术的高速发展促进了现代教育技术的发展，并使其朝着多样化、智能化、广域化的方向前进。此外，现代信息网络的建立也在一定程度上影响了教育，部分新的教育技术促进了教育教学改革，进而体现出教育的时代性特点。

从本质上来讲，信息化教育主要强调的是现代化教育和素质教育。换言之，我们可以将教育信息化的过程看作是实现教育现代化及提升信息素养的过程。此外，信息化教学也是为了改变当下的教学模式，实现传统、半传统教学模式向现

代化教学模式的转变，因此，信息化教学不仅是教育改革的过程，同时也是教育改革的方向。从某种意义上来讲，教育信息化本身属于教学改革的内容，信息化在一定程度上推动了教学过程、教学理念以及教材等方面的改革与创新。

1.教学过程的变革

网络教育及多媒体技术在一定程度上标志着现代教育技术的发展方向。传统教育技术主要有黑板、图片以及幻灯片，而现代教育技术则包含多媒体教学辅助技术、网络教学技术等，二者相比，现代教育技术有很大的优势。具体来讲，现代教育技术主要有以下几个特点：智能性、交互性、实时性、长久存储性等。此外，在教学过程中，现代教育的超文本结构可以在极大程度上克服传统教学知识结构的缺陷。从某种程度上来讲，多媒体技术和网络教学在教育中的应用可以使整个教学过程更加生动、形象、立体，这完全符合教育认知规律。

多媒体技术是一种集图形、文字、声音、影像于一体的技术，它可以集中处理多个媒体信息。另外，计算机网络信息技术还可以实现声音、画面以及动态影像的处理，如影像的自由播放、内容的随意跳转等。除此之外，信息技术在教育中的应用彻底改变了传统教学格局，无形中提升了教学效果。

2.教材的变革

信息化教育技术的发展在一定程度上对课程设计及教材编制产生了影响。

随着信息技术与教育的深度融合，教师必须提升自身综合素质水平，使自身素质紧随时代发展的脚步。例如，教师想要提升学生在课堂上的学习兴趣，需要借助信息媒体技术，并在此基础上注重新形式教材的设计与制作，进而更好地开展多媒体教学。

众所周知，传统教材为纸质教材，此类型教材具有静止性、封闭性、模式化的特点。而信息网络技术环境下的电子化教材则具有开放性、参与性、个性化及创造性的特点，我们亦可以称其为"活教材"。

3.教学理念的变革

在分析信息发展对教育体系影响时，我们不能只看到它对教育硬件的影响，同时也要从教学思想、教学理念等方面进行深入分析。在信息化教育环境下，人们为了更好地适应信息时代发展的要求，其教学理念逐渐发生转变。教师在教学中不仅将培养学生素质和提升信息科学技术素养作为教学任务，同时也树立了科学发展、与时俱进、以人为本等思想教育观念。除此之外，也逐渐形成了现代教育教学观念，即注重学生创新能力和信息素养的培养。由此可以看出，信息发展促进了教学理念的变革。

（二）促进教育体制健全

教育体制改革在教育中具有十分重要的作用，它可以促进教育的可持续发展。一般情况下，我国教育体制改革主要在教育体系内部进行，具体而言我国教育体制主要包含以下几种类型。

（1）普通教育。

（2）成人教育。

（3）职业技术教育。

（4）高等教育。

从某种意义上来讲，教育体制的建立在一定程度上受教育技术发展的影响，这主要是因为教育技术发展到一定程度时，各个层次的教育便会出现融合发展趋势。

从目前信息发展的程度来看，未来将呈现普通教育、成人教育、职业教育以及高等教育的一体化发展趋势。

（三）改变教育投资环境

在多媒体技术和网络技术诞生之前，教育经费的消耗主要是在学校，具体表现为教育教学硬件设施的消耗。学校的教育经费主要依靠政府拨款，还有一部分来自社会赞助。

教育信息化发展在很大程度上改变了当前的社会教育大环境。在市场经济条件下，不断有新的教育模式与组织形式投入教育市场，无论是学前教育还是成人教育，教育市场的各种教育产品与服务都供不应求，教育投资环境发生了很大的变化，越来越多的人开始尝试教育投资。

伴随现代教育技术的快速发展，学习场所及人群也发生了较大的变化，学习不再局限于学校，而是扩展到整个社会，将贯穿于人的一生。所以教育经费的消耗同样不会再局限于学校，其范围涵盖整个社会。在这种背景下，任何一个利用现代教育技术进行学习的人，都可能成为教育投资的主体，这在无形中拓宽了教育经费的渠道。

（四）优化学校教育

从某种意义上来讲，信息发展给学校教育带来了一定的影响，尤其是对高校教育的影响巨大，其影响主要体现在以下几个方面。

1.校际合作

以计算机作为媒介，不同地区、层级的学校之间的联系逐渐加强，并展开了一定程度的联合。具体来讲，计算机网络技术可以打破时空的限制，实现学校之间资源的优势互补，同时我们也可以利用远程教育等方式，实现优势教学资源支持教学资源匮乏地区的目的。

2.校际竞争

从另一个角度来讲，计算机网络技术的应用也增加了各个学校之间的竞争。这主要是由于计算机网络技术对学校的影响不受地域因素的限制，更多地取决于它可以为学生提供的信息质量和数量，这在一定程度上促使学校彼此竞争，力求提升教学质量。

（五）完善社会教育

信息化教育技术不仅丰富了教育内容，同时也拓宽了受教育的场所，人们不仅可以在学校学习知识，同时也可以通过网络掌握知识。此外，终身化教育理念是目前主要的教育理念之一，信息化教育技术在学校的运用不仅证明了其有效性，同时也表明它可以在任何教育环境中进行，这为终身教育的开展提供了便利条件。

总而言之，信息化教育技术在无形中拓宽了教育的广度，增加了教育的深度，为社会教育活动的开展提供了强有力的技术支持，同时也在一定程度上实现了各种社会教育资源的优化配置。

（六）推动"全民教育"的发展

全民教育是新时代的大众教育，其内涵主要表现在以下两个方面。第一，教育民主化。这主要强调的是教育机会的均等性。第二，教育的普及化。从某种程度上讲，只有实现教育的普及化，才能实现教育的民主化。

教育隶属于社会体系，同时它也是其中的一个重要构成要素，与政治、经济、文化、科技等有十分紧密的联系。例如，教育技术的应用不仅需要经济发展的支持，同时也需要科技发展的推动。信息化教育技术的应用可以提升教育资源的利用率，实现教育资源的优化配置，改善贫困地区的教学环境，使学生受到较好的教育，推动我国义务教育的推广与普及。

随着科学技术的快速发展，人类知识总量不断增加，为了更好地适应社会发展，人们必须不断地学习，进而形成了终身学习理念。

（七）推动"创客教育"的发展

"创客"一词，英文为"Maker"，是指把自己的创新想法变成现实的人。而创客教育，就是着重培养学习者创新能力的教育。在新时期，现代化教育以素质教育为核心理念，以促进学生全面发展为主要目标，着重培养学生的文化、心理和科技素质。国家大力推进教育创新，强调在教育过程中加强培养学生的创造力，打造创新型人才。

随着信息技术的发展，信息化教育技术得到越来越多的应用，在这种形势下，创客教育开始大量出现。而创客教育的发展，正是依托于信息技术的发展，所以，很多中小学开始为学生增设信息技术类的课程，帮助学生利用数字化的工具来提高创新和创造的能力。

二、信息发展对高校教育的微观影响

（一）对高校课程资源的影响

当今时代，信息技术的迅猛发展，大大推动了学习资源的共享，使得高校和学生个人都能够主动、积极地参与到资源共享的过程中。

目前，高校可以使用的，依托于信息化教育技术的共享类教学课程资源主要有以下几类。

1.CORE

CORE 即中国开放式教育资源。

CORE 吸收了世界一流大学的开放式课件以及先进的教学技术，并通过教育创新，有效提升了我国高校的教育质量，并将我国高校的优质的教育资源，推广到全世界，从而实现教学资源的交流和共享。

2.OOPS

OOPS，即开放式课程计划，是一个对国外优秀大学的开放性课程进行翻译，然后将其制作成中文课程，供我国师生使用的教育资源网站，目的是让我国师生能够接触并利用先进的教学课程。

3.OCW

OCW 是 Open Course Ware 的简写，是世界优秀学校教育资源的全球共享平台。这些学校本着交流和共享的原则，将本校开设的所有课程的教学资源都发布在互联网上，目的是让全球各地的学习者都能下载并学习。

4.网易公开课

随着网络教学日益普及，网易公开课开始被更多的人所认识。它通过翻译加工，免费分享国外名校的公开课程，如将 OCW 翻译成为中文的课程。

在信息化时代，很多高校开始构建课程资源共享平台、在线学习平台，也有的高校利用已有的网络平台开展教学工作，一方面有效地满足了学生的学习需求，另一方面又实现了对教育资源的合理利用。

（二）对高校教师的影响

在信息化背景下，高校响应时代的召唤，开始广泛应用信息技术，这给高校的教师带来了很大的影响，具体表现为以下方面。

（1）过去，学生获取知识的渠道十分贫瘠，而通过利用信息教育技术，学生可以从更多的途径来获取自己需要的知识，高校教师不再是学生获取信息资源的唯一途径。

（2）在新时代，高校教育对新媒体和新技术的应用，无疑对教学的观念、方式带来了一定的冲击，这对教师的教学过程有着十分重要的影响。

（3）高校教育对信息技术的使用，对教师的教学能力和信息素养提出了新的标准。作为教师，要结合教学的具体内容和实际目标，合理引入信息化教育技术，努力提高教学质量。同时，在信息化教育技术的使用过程中，学生在选择学习的内容、难度、时间等方面都更加自由，对于部分学生来说这是对他们自主学习能力的锻炼，但也很有可能导致部分学生学习失控。从传播学的角度来说，教师一方面是教育信息的发出者和传播者；另一方面，也要担负起信息传播"把关人"的重要职责。作为高校教师，要根据教学的实际情况，有针对性地选择信息，科学检测与调控教学的整个过程。

（三）对学生的影响

除了教师之外，受信息技术教学影响最大的一个群体就是学生，在信息化教育技术发展和普及的过程中，学生无疑是最大的受益者。信息化教育能够提供个别化、网络化的学习方式，学生可以根据自己的特点和需求来选择合适的学习内容，在轻松、开放的环境中学习，真正实现"教育平等"。信息化教育技术的有效应用，拓宽了学生获取信息的渠道，使学生听、说、读、写的方式发生了改变。

除此之外，在信息时代背景下，任何一个学习者都要有一定的信息素养，还要具备终身学习的意识和能力。信息化教育技术对教师教学提出了更高标准，对学生的自主学习能力也提出了更高的要求，要求学生形成信息社会要求的观念、意识，具备使用现代教育技术的能力。

具体而言，信息化教育技术的发展和应用，对高校学生有着如下影响。

1.激发学生学习兴趣

在传统的教学观念中，教师是课堂的中心，一切教学活动都是围绕教师进行的，学生只能被动地接受知识的灌输。这样的课堂很容易形成一种枯燥的氛围，进而逐渐消磨学生的学习热情。信息化技术课堂则在很大程度上改变了这一局面，教师利用信息化教育技术，将原本单调的文字、字母或者符号，以图片、动画、视频等形式呈现出来，使得教学内容更加生动有趣。相比于传统的以说教为主的课堂，这种课堂形式有助于激发学生的兴趣，提高学生的课堂参与度，提升学生的主观能动性，同时也能唤醒学生的求知欲和探索欲，让学生更充分、深刻地理解知识、掌握知识。通过对信息技术的合理应用，课堂不再枯燥无趣，学生也逐渐形成了积极主动的学习态度，非常愿意参与课堂学习。另外，这种教学模式也能让教师深度挖掘教材，提取出关键内容，从而有效提升教师的教学水平。

2.培养学生自主学习意识

有了信息化技术，教师就能够对课外课堂进行完善。教师可以利用信息技术，为学生构建线上学习资源，通过微信公众号、QQ群、微博等平台，将需要预习或讨论的内容传到网上，让学生自主学习。这样一方面能够满足学生自学的需求，锻炼其自主学习的能力；另一方面，也能减轻线上课堂的压力。学习的三部曲是预习、学习、复习，借助信息化平台，学生可以根据自己的学习安排提前预习课程，了解课上可能讲到的知识，然后在课堂学习中对老师讲的知识点做进一步理解，最后利用线上平台复习所学内容。通过这种方式，可以让学生在较短的时间内掌握更多知识，并且有助于学生构建知识系统。利用信息化技术构建线上学习平台，可以减轻教师的工作量，提升教学的质量和效率，同时，也有助于激发和保护学生学习的兴趣。

高校不同于中小学，它的学习环境是相对自由的，学生受到的管束较少，所以，在大学学习阶段，学生必须有较强的自律意识和自学能力，而信息化技术可以为学生构建良好的自主学习的环境，满足学生自学所需的各种条件。

3.提高学生学习效率和效果

在传统的教学课堂上，教学工具和教育技术十分有限，教师只能采取讲解加板书的方式来授课，在这样的课堂上，学生只能通过听和看来被动地接受知识，几乎没有亲身实践的机会，这不仅影响学生的学习兴趣，也限制了学生对知识的掌握。而利用信息化技术，教师就可以为学生构建情景交融、动静结合的学习环境，有效唤起学生的学习热情，提高他们的课堂参与度。信息化教学课堂凭借信息技术的独特优势，通过声、光、电等元素，拓宽了学生的视野，完善了学生的知识体系，也提高了学生的学习效率和学习能力。

（四）对教学方式的影响

1.阅读方式的变革

一直以来，阅读是人们获取知识和信息的最主要途径，而随着信息技术的发展，阅读的方式变得多样化，原来的文本阅读现在已经转变成超文本阅读。在此背景下，电子出版物向高校师生提供了全新而高效的阅读和检索方式，让师生可以更方便快捷地获取和使用资源。

2.写作方式的变革

写作是表情达意的一种方式，一直以来，写作都是依靠纸笔进行，而在信息化时代，高校师生已经不再使用传统的、低效的手写写作方式，开始通过键盘输入、扫描输入、语言输入等方式进行写作，并且写作内容的呈现方式也具有图文并茂、声情并茂的特征。现代化的超文本无疑令写作表达更加生动和高效。

3.计算方式的变革

文字的数字化使计算机从语言上升为文化，并且使教学的三个要素——读、写、算——合为一体。图像、声音、影视的数字化发展，促进了"虚拟现实"的发展。

计算机信息技术的迅猛发展，以及越来越普遍的应用，使得人类将数字化作为一种新的纪录人类历史文化的方法。

4.远程教学的突破

在信息技术时代，远程教育迎来了迅速发展的契机，它作为一种新型教育方式，有着传统教育所不具备的优势。特别是在疫情防控期间，教育部提出停课不停学，在这样的形势下，各高校的教师可以借助网络教学平台向学生分享资源，为学生批改作业、答疑解惑。可见，远程教育不受时空条件的限制，使教学能够在课堂之外顺利进行，而且实现了更大范围内的资源共享。另外，远程教育、网络学习，将家庭教育、学校教育、社会教育以及全球化教育紧紧联系起来，充分调动了学生的主观能动性，为实现终身教育奠定了坚实的基础。

（五）创造多元教学环境

信息教育技术的影响是深远的，特别是对教育过程和教材的影响更为重大。信息教育技术不仅使学生、教师和教材之间的关系发生了改变，而且也使学生的学习环境产生了改变。传统的教育过程中，学生和教师之间的交流受到种种条件的制约，学生学习过程中也受到时空的限制，无法自由地向教师请教问题。信息教育技术的出现打破了时空的隔阂，学生在学习过程中出现疑惑时可随时随地地向教师请教，教师也可以及时地为学生答疑解惑，这种教学环境是传统的教学所不具备的。

当前，网络环境下的视频教学已经成为一种普遍现象，以翻转课堂、慕课为代表的教学方式得到了众多高校的认可。当前高校常用的网络教学方式除了在线直播以外，还有翻转课堂。网络教学的基本流程为：首先，教师要在网络教学平台上发布需要学生提前学习的资料，这样就可以让学生利用课外时间提前查找所需要的资料；其次，在课堂上教师要以学生为主，教师只发挥引导作用，由学生主导发言讨论，当学生遇到无法解决的困难或问题时，教师不能直接告诉答案，而要循循善诱，提示学生自己找出解决方法。这样的教学方式充分体现了学生的主体地位，摆脱了传统课堂教学中纯粹知识灌输的模式，使学生能积极主动地参与到教学中，进而提高了学生自主学习和解决问题的能力。

相比其他网络教学方式，慕课具有开放性和共享性的优势，其目的在于增强知识的传播和共享。学生可以根据自己的学习习惯和兴趣进行课程学习。

慕课所具有的优质教学资源共享的特点是其他教学模式所无法比拟的。慕课的实施，使得学生获得了聆听优秀名师讲课的机会，使得他们能够近距离地感受名校的风采，从而促进教育的公平。信息时代的课本更新换代很快，使用纸质课本很可能造成资源的浪费和环境的污染。电子课本的开发和使用则有效地避免了环境污染的问题，而且方便学生携带和快速检索，同时能使学生在轻松的氛围中体验到学习的快乐，更好地展示自身的个性特征及创造精神。

在后文中，我们将详细对翻转课堂、慕课及其他信息化背景下高校的创新教学模式进行详细、深入的阐述与研究。

（六）提升课堂教学效果

信息化技术的发展改变了人们生活的方方面面，使得教育领域也发生了翻天覆地的变化。依托多媒体技术和网络通信技术，教师可以在高校课堂上向学生展示古人的生活场景，畅享未来的美好生活。对于一些难以用语言来表述的教学内容及无法在实验室中模拟的危险实验，教师都可以用信息技术来演示给学生，从而让学生在相同时间内获得更多、更直观的知识，大幅度提高教学质量。同时信息技术还有着图像的优势，在教学过程中，教师可以借助图形图像的变换，更好地引起学生的注意。

传统的课堂教学中，教师根据教学大纲来准备教学内容，制作的课件内容所包含的信息量是有限的。信息技术在教育领域的应用突破了这种限制，使得课件包含的信息量更多、知识框架更直观。传统的课堂教学中，学生的学习方式多为记忆式，必须尽可能地记住教师传授的知识，而信息技术下的教学中，学生的学习方式是"检索式""归纳式"。学生学习的目的不再是生硬地记忆知识，而是灵活地应用知识，知道面对哪种情况运用哪种知识，可以根据情况的改变准确地选择知识进行相应的创新，进而实现激发学习者的学习兴趣和积极性，达到提升教学效果与质量的目的。

信息技术的发展对教育领域，特别是高校教育的影响是广泛的，并不局限于上述几个方面。信息技术的发展对于教育现代化的实现也有着积极意义。信息技术发展推动了教育现代化发展的步伐。进入 21 世纪，教育环境的改变促使教学目标也随之进行了调整，现代化的教育教学是以培养创造型人才为目标的新型的现代教育体系。

第二节　国家《教育信息化2.0行动计划》解析

一、《教育信息化2.0行动计划》的颁布

伴随着信息化时代的到来，教育在推动社会发展中发挥的作用越发显著。教学作为人类社会科教文化领域的重要组成部分，也在很大程度上受到了现代科技的影响。

　　传统的教学以课堂教学为主，由教师对学生进行集体授课，这种教学方式沉闷、单调。面对成长于网络时代的学生，这种教学方式显然是不合适的。伴随着发展的日新月异信息技术，现代学生不仅吸收新事物的能力要远远超过以往学生，思想也比以往的学生更为超前、更具有自我意识。特别是进入高校的大学生思想较活泼，因此，高校应针对当代大学生的特点，充分地利用电教手段、网络教学手段，让学生以快乐的方式学到知识。

　　信息化时代的到来，进一步促进了教育教学的信息化改革。2018年4月13日，中华人民共和国教育部正式印发颁布《教育信息化2.0行动计划》，明确了新时期我国教育信息化的发展现状与未来发展方向。《教育信息化2.0行动计划》的颁布标志着我国教育信息化从1.0时代正式进入2.0时代。

　　《教育信息化2.0行动计划》明确提出，到2022年，基本实现"三全两高一大"的发展目标（图1-2-1）。

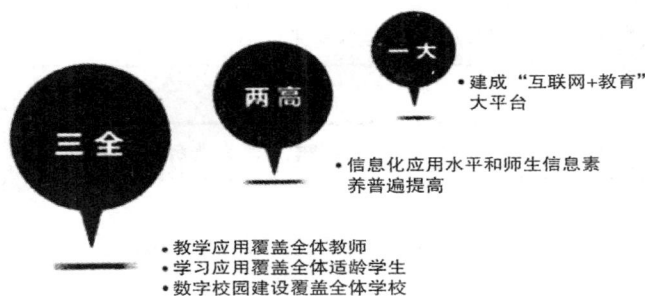

图1-2-1　"三全两高一大"发展目标

　　新时期，我国信息技术不断发展，高校教育也应顺应时代发展要求，充分利用社会上的各种资源来促进和实现自己的发展。信息技术是当前比较领先的科学技术，将信息技术引入高校教育领域，使之为教育教学活动服务，这是对社会信息技术资源的合理利用，对我国教育事业的改革与发展是十分有利的，也是历史的必然选择。

二、《教育信息化2.0行动计划》的影响

　　新时期，《教育信息化2.0行动计划》的颁布将对我国现代教育教学产生重要的影响，将引领未来我国教育，特别是高校教育产生如下几方面的转变。

（一）教育资源观转变

计算机信息技术发展初期，教育领域对计算机技术的应用主要是对文本教学信息资源的超文本处理，然后再将加工处理过的教育信息传递给学生。将知识资源数字化、平面资源立体化，是信息技术发展初期的教育资源优化利用的表现。

新时期，仅仅实现教学资源文本处理的转变是远远不够的，高校还应该强调基于互联网的大资源观，根据学校发展规划，建立网络学习空间（图1-2-2）。

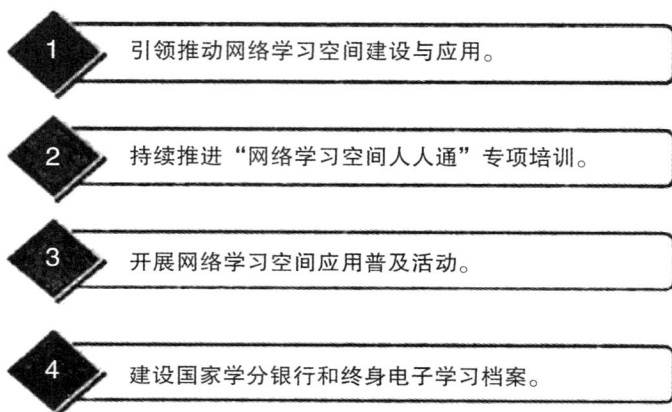

1　引领推动网络学习空间建设与应用。

2　持续推进"网络学习空间人人通"专项培训。

3　开展网络学习空间应用普及活动。

4　建设国家学分银行和终身电子学习档案。

图 1-2-2　高校应建立的基于互联网的大资源观

（二）技术素养观转变

新的技术是由人发明创造的，也是由人应用到其他行业的。要想使信息技术发挥应有的功效，使之更好地为教育教学服务，就必须要求所有参与教育活动的人，教师、学生以及其他教育工作者树立终身学习的观念、转变技术素养观，面对不断涌现的信息技术，不间断地学习，从而不断提高信息素养。此外，教育活动的参与者要密切关注信息技术与教学应用的研究动态，不断完善教学过程，引领推动网络学习空间建设与应用。

（三）教育技术观转变

目前我国高校对信息技术的应用主要集中在改善教学环境上，事实上，教育技术的作用是巨大的，不应局限于此，还应嵌入整个学习系统中去，实现整个教育体系的信息化教学（图1-2-3）。

1	开展智慧教育创新示范。
2	构建智慧学习支持环境。
3	加快面向下一代网络的高校智能学习体系建设。
4	加强教育信息化学术共同体和学科建设。

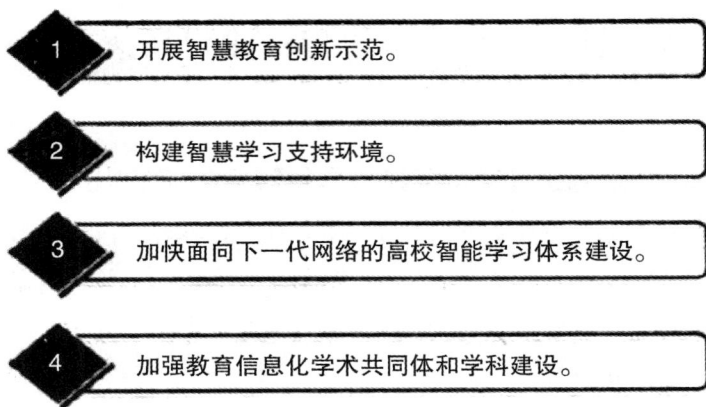

图 1-2-3　教育技术观的转变

（四）教育治理水平转变

在过去，当我国教育体系出现问题时通常采用的是"补救型"的处理方式，即哪里出现问题就去治理、补救哪里，并没有系统化的建设理念，也就是说没有强调教育治理现代化。

信息社会中信息的传播速度是惊人的，而且可以短时间内引起"牵一发而动全身"的效应。因此高校在建设信息化教育系统的过程中一定要有全局观念，从高校长远规划出发，对信息技术进行宏观的建设与管理，进而促进信息共享、完善政务服务。

（五）思维类型观与发展动力观的转变

尽管我国的教育信息化已经有了很大的进步，但是教育领域的思维方式并未相应地进入新时代，依旧停留在工业时代，由此引发出信息技术的硬件建设与软件建设并不匹配的问题。当前的高校仍是将重点放在如何利用信息技术上，忽略了思维方式的转变。新时期，人们越发意识到人工智能的重要性，并且积极地将人工智能应用在各行各业。面对着信息技术的应用需求，高校要顺应时代要求，不断提高创新意识，建立人工智能思维，以培养符合社会发展的创新型信息人才为己任，反哺并推动信息技术的发展。

第三节　教育信息化与师生可持续发展

一、教育信息化发展中高校教师角色转变

对于高校教师来说，教育信息化发展对自身的教学信息加工、传播、反馈、收集等能力提出了更高的要求。伴随时代的发展，现阶段的高校教师想要更好地进行信息技术应用的教学，就需要不断更新自己的信息技术知识，锻炼自己的现代信息加工与处理的能力。

信息时代对整个社会产生了翻天覆地的影响，在一定程度上改变了人们日常的生产生活活动，同时也对教育领域的高校教师产生了深远的影响。在传统的教学中，高校教师所扮演的是知识的提供者角色，但是在信息时代，学生能够从多个方面获取知识，这使得高校教师所扮演的知识提供者角色落伍于时代。相较而言，现阶段教师的角色更偏向于"导师"，即对学生的学习进行引导、指导与辅导等。

对于大多数高校教师来说，信息化的高校教学对其提出了更加严格的要求。若以学习理论的基本原理来看，高校教师在教学过程中所扮演的角色不仅仅是知识的传授者与引导者，而更为多元化。所以，想要在高校进行教学信息化改革，就需要确保高校教师能够实现专业化的发展，确保高校教师的专业素质不断提升，最终能够适应教学信息化改革的要求。

伴随着教学信息化改革，信息技术逐渐与传统的课堂教学进行融合，从而产生了信息化的教学环境，也因此深刻地改变了高校学生的学与高校教师的教。在这一背景下，教师既要始终坚持传统教师角色中的职业要求：传道、授业、解惑，又要不断适应教育信息化的发展，突破自身的角色局限，成功实现自身角色的转变，不但能够处理好教师的传统角色延续，还要重点关注教育信息化背景下教师角色所需进行的变换。

对于如何提升高校教师的信息化能力与素养的问题，本书将在后文进行详细论述。

二、教育信息化发展中学生信息素养的培养

教育信息化的全面实施，需要学生具有良好的信息素养、敏锐的信息意识、

较强的信息运用能力。学生信息素养的培养是教育信息化建设过程中的一项重要工作。

信息化背景下，高校学生信息素养的培养应重点做好以下工作。

（一）营造信息环境，强化学生信息意识

想要有效促进学生的信息素养的提升，就需要为其建立起良好的信息环境，创建合适的信息课程体系。

总的来说，高校可以依托课外实践活动，在活动过程当中搭建合适的信息利用平台，最终为学生提供多样化的信息体验方式。除此之外，高校还需充分发挥如微信公众号、广播电视台等信息传播平台的信息载体与服务功能，为学生提供全媒体信息资源传播环境，潜移默化地强化学生信息意识。

（二）加大信息能力类课程建设，完善课程体系

对于高校来说，其有义务也有责任提升学生的信息素养。高校应当有计划地增强公共基础课程对学生的道德培养以及电子信息检索能力提升方面的作用，通过教育信息技术创建一套合理的高校公共选修课程体系，并且还要合理利用与有效转化 MOOC 平台上面的诸多教学资源，与此同时还需要明确学生在 SPOC（Small Private Online Course），也就是"小规模限制性在线课程"的资源开发中的角色定位，有目的地培养学生的信息选择分析能力。

（三）发挥高校图书馆信息库职能，为学生提供信息服务与保障

在全媒体时代，高校应当有目的性地加强自身图书馆的信息资源库建设，通过全面引入合适的电子信息资源，从而形成文献信息资源与电子信息资源相互融合互通的信息资源库，以期更好地满足高校内广大师生对于信息的需求。

除此之外，在全媒体传播环境当中，高校还应当树立起移动图书馆与个人图书馆的办馆理念，借助学校信息传播平台进行传播，使得学生能够获得良好的信息定制服务，也使学生更为方便地下载、阅读与借阅所需知识信息，实现效率提升。

三、教育信息化时代师生有效互动

（一）传统教学中师生的"有限互动"

在传统的教学活动中，教师与学生之间进行沟通与交流的主要场所是教室、操场以及高校的活动中心。

在传统的教学模式下，教师在教室内进行课程的讲授时，需要先完成本次课时所要求的教学任务，才能与学生进行课程之外的学习内容的交流。所以，大多数情况下，教师与学生之间的交流都十分有限，在课堂中，师生之间的交流很少，更不存在所谓的师生之间共同探索或者讨论互动的活动。并且，很多教师在完成教学任务之后，还会忙于其他事情，很少有时间与学生进行课后的交流。

课堂之外，高校教师除了日常教学还有很多其他工作，学生的校园生活也十分丰富，由于师生的教与学的任务不同，在不同的时间段，他们需要分别在不同的空间场所内开展各自的教与学工作，这就使得师生的课堂关系更加难以在课外继续保持。

很多学生在课外时间难以接触到教师，而且即便有交流机会，也是"不怎么愉快"的"被动交流"。师生课外接触原因不过以下几种。

（1）学生犯错、犯规，教师训话。

（2）学生因考试、评优等问题寻求教师帮助。

（3）校园偶遇，礼貌问好。

上述情况充分表明了高校师生存在着交流障碍，这些障碍的产生有主观和客观原因，如教学安排的局限性、教育技术的限制、教师与学生在课外缺乏沟通与交流的平台等。

（二）网络教学中学生的"线上沉默"

随着信息化技术的飞速发展以及相关的教学应用的出现，高校师生之间也能够更加方便地借助于各种网络通信工具进行线上交流。但是需要注意的一点是，在网络线上课程教学中，教师并不能及时获得学生的反馈，学生学习的投入状态以及对教师上课时提问的回应，都依靠学生的自觉。也正因如此，教师不再能够及时地对学生进行监督，也不能为学生提供如同传统课堂中的紧张、专注且融洽的课堂环境氛围，这也导致很多学生在进行线上课程学习的时候，常常处于沉默的状态。

在进行线上网络课程教学的时候，学生经常会处于"线上沉默"的状态的一个重要原因就是受其所处的课堂环境氛围影响，除此之外，还与其所学课程的难易程度、教师的教学方式以及线上进行互动的方式方法等有着一定的关系。通常来说，接受线上网络课程教学的学生出现的"线上沉默"主要有以下几种类型。

1.压制性沉默

对于一部分学生来说，已经习惯于传统教学模式当中教师处于教学的主宰地位，自身永远处于被动服从的状态，受限于这种传统课堂教学中教师的"教学权威"，这部分学生会在线上课程教学中出现压制性沉默。

进入信息时代后，已经接受传统课堂教学影响的学生，对新出现的网络教师、网络教材以及网络教学课程产生了认知冲突，所以在教师面前感受到了压力，从而对自己的真实行为与观点进行强行压制，因此会出现在教学中与教师互动过程中的沉默现象。

2.障碍性沉默

线上教学或内容难度大，或知识更新滞后，或操作技术复杂，超越了学生本身的生活经验、理解能力与操作范围，学生不知如何表达，也会产生教学中的沉默。

3.忌惮性沉默

在网络教学当中，部分教师为了更好地推广线上教育资源，制定了很多与学生有着利害关系的教学奖惩机制与措施，甚至会强制学生在线上学习的过程中与教师进行互动，对学生来说，这一时刻其自身呈现出一种被迫的状态，也因此导致与教师的教学预想截然相反的教学现状。对于学生来说，通过"线上沉默"不仅表达了对教师强制进行某些活动的反抗，同时也表达了自身对于教师所制定的一系列教学机制与措施的抵触。

（三）信息化教学中师生和谐关系的构建

1.和谐师生关系的表现

（1）互尊互爱

教师与学生应当基于相互之间的尊重与关怀，建立良好的关系。

首先，在教学过程当中，教师应当主动关爱学生。作为整个教育体系当中最为重要的角色，教师是学生所接受的所有教学活动的指导者与实施者，对学生的学习起到了非常重要的引导、启发、监督与规范作用。新时期，教师应当主动与学生建立起和谐的师生关系，在课堂教学以及课外活动中，主动对学生表达关心与关爱，确保学生享有受教育权以及在校期间的所有合法权益，重点关注学生身心的全面健康成长。除此之外，素质教育是现阶段教学改革最为重要的一项任务，教师应当予以重点关注，确保学生能够养成独立的人格，从而实现自身个性的全面发展。在教学过程中，教师应当重视学生的发展，坚持以人为本。学生本身是一个独立的个体，教师应当对学生给予足够的尊重，尊重学生的人格尊严。在教学过程当中，教师应当通过因材施教的方式开展教学，引导学生主动进行学习，并且还需要重点关注学生情感体验的获得。

另一方面，学生应尊敬老师。作为教学活动的主体，在教学过程中，学生接受了教师的知识教育、德育、智育、体育、美育等，这些教育可促进其自身的健康发展。因此，学生应尊敬教师。

（2）民主平等

在现当代教育教学当中，民主平等不但是维系和谐师生关系的一项最为基本的举措，也是能够构建和谐师生关系的一个最为基本的要求。

在教学过程中，教师应当对所有的学生一视同仁，做到公平公正。教师在进行教学的时候，要将学生放置在主体地位，站在学生的立场与角度对问题进行思考，通过建立起轻松愉快的教学情境，有效激发学生的好奇心，使得学生在这一教学环境中能够获得安全感，同时需要重点培养学生的积极性与主动性；在教学过程中，教师要有目的性地引导学生对未知进行探索，激发其求知欲；将学生作为教学的中心，通过教学有效促进学生个人的完善与发展。

对于学生来说，在教学过程中，不能够"畏惧"老师，也不能够"藐视"老师，应当对老师心存敬爱，要以认真的态度完成课堂的学习，同时还需要配合老师推进教学进度，面对未知，可以大胆地对老师进行质疑，勇敢地对自己的感受与观点进行表达。

2.信息化背景下教学中和谐师生关系的构建策略

（1）遵循教育教学规律

教学规律本身是客观存在的，并不会以个人的意志为转移，所以想要顺利地开展教学活动，教师就需要严格遵守教学的客观规律，如此才能通过循序渐进的方式，有效促进学生对于知识、技能、素养的认识、理解、掌握与提高。

不管教学模式发生何种变化，在进行教学的时候都必然要遵守客观的教学规律，无论是传统教学还是新时期的信息化教学都是如此。

在信息化教学当中，教师应当根据学生的客观认知规律以及年龄与性格特点选择合适的教学内容，选用合适的教学方法与手段。在对教学过程中各项流程进行安排时，教师应当尊重教学的一般规律与特征，绝对不能单纯地为了网络教学而进行网络教学，否则就是本末倒置，不但会使学生不适应新的教学，也不利于教学的发展。

总的来说，信息网络是一个能够使所有人平等交流的平台，在这里的每一个参与者都不会受到年龄、性别、地位、收入等因素的影响，所有人都是平等的。在信息网络上所开展的教学，打破了传统教学的权威性，不再具有单一、集中且封闭的特点，在这种教学模式当中，更加强调多元、分散与开放，师生关系是平等的、民主的、和谐的。所以教师在对教学活动进行设计与安排的时候，更应坚持教育教学规律，基于平等的心理，使得师生之间能够做到互相尊重、协作与信任，从而确保学生更好地学习与成长。

（2）重视师生多元互动

传统课堂教学单调、呆板、效果差。教师只负责教，学生只负责学，教学过程就是教师对学生的单向"培养"，忽视了学生之间的交往交流。

新时期的素质教育教学提倡"以人为本"，要求"单向"教学向"双向互动"教学转变，师生关系相较于以往发生了很大变化，教学也逐渐脱离填鸭式教学，学生在教学中得到了更多的尊重。教师应重视师生、生生之间的交流与互动。现代教学实践中，师生关系更倾向于彼此促进的朋友关系，师生互动也更加倾向于向生动活泼的方式转变；良好的师生关系正是在这种平等、互助、相互尊重的基础上建立起来的。

网络教学中，不仅是教师与学生之间的互动打破了时空界限，学生之间的互动也打破了时空界限，甚至学生之间的互动（常被教师忽视）要比师生互动更加频繁、和谐、愉快。因此，教师应鼓励学生在线上、线下进行交流，鼓励学生发现、讨论、探索，提高学生的合作、探索、创新能力。

教师给予学生更加开放和自由的交往空间，强化师生之间、生生之间多元互动，不仅能改善学生的教学思维与学习能力，也有助于促进师生关系的良好转变。

（3）拓宽交往渠道

新时期，现代社会进入信息时代，信息技术的进步使得人们之间的沟通更加快捷且便利；教师要善于利用新媒体、新交互平台加强与学生的交流。

目前，多媒体教学、网络教学、微信公众号教学、微信群公开课、网上教学直播、论坛等，都为教学突破时间与空间局限奠定了良好的技术基础。教师应善于利用新技术进行教学创新，带给学生不一样的教学体验，通过拓宽交往渠道增进与学生之间的交流，使教学沟通更加及时、有效，不断拓展师生交流的时空领域。依托现代网络技术，师生之间的交流可以更加广泛、及时。教师应善于把握网络交流的优点和优势，在课外主动、积极拓展师生关系。

第四节　教育信息化与学科课程整合

目前，我们生活的各个领域中都有信息技术的存在。日常生活中，人们可以随时通过电子平台完成自己的工作，也可以随时随地地在网络平台上进行购物，并不需要亲自到商场采购。对于学生来说，他们不仅可以在学校里与教师进行面对面的交流和学习，也可以通过网络的形式进行线上交流和学习，甚至还可以在网络技术的支持下与名师实现视频面对面的交流。信息技术的不断发展，提高了信息传播的速度，实现信息传播的范围进一步扩大。信息技术不仅对人们的生活方式产生了影响，也对人们的思维方式和智力活动方式产生了影响。信息技术的不断发展带动了教育信息化的发展，信息技术与学科课程的整合是当前教育研究的重要方向。

一、信息技术与学科课程整合的背景

（一）信息时代公民素养教育的需求

信息化社会的发展，对公民的素养提出了更高的要求，这带动了信息技术与学科课程的整合；同时，教育环境的不断变革和发展，也促进了信息技术与学科课程的整合发展。随着信息技术的不断发展和广泛应用，信息时代人才的素质结构也有了新的变化，要求人才素质与信息技术挂钩。

有学者提出了"3R 扩展"的观点，这个观点对信息时代公民素质的变化进行了表达，在工业社会，对一个人的文化素养进行衡量主要通过读（Read）、写（Write）、算（Arithmetic）三个标准，其中，"读"通常指的是对信息的认识和解读，其中信息包括文字、图形等；"写"指的是通过纸笔对信息进行记录和还原；"算"指的是数字计算。信息社会中，"读""写""算"的含义发生了演变，分别指代信息的获取、表达和加工。其中信息的获取包含信息的需求、信息的检索、信息的评价等，信息的表达指的是信息内容的表达、信息的编码方式等，信息的加工指的是对信息进行一定分类、处理和加工等。由此可见，"读""写""算"的含义在信息社会得到了一定扩展和延伸。也有学者提出了"3T"素养，以此来表达公民素养在信息社会的变化，其中"3T"分别是技术运用（Technology）、团队协作（Teaming）、迁移能力（Transference）。美国学者对公民在信息时代的素养进行了归纳总结，认为公民素养应涉及7大基本技能：批判性思维与行动（Critical Thinking and doing）、创新（Creativity）、协作（Collaboration）、跨文化理解（Cross-cultural Understanding）、传播（Communication）、计算机素养（Computing）、生涯与学会自立（Career&Learning Self-reliance），这七大基本技能又被称为"7Cs"。

从"3R"到"3T"素养，再到"7Cs"技能，可以看出，公民素养随着社会的不断变革而不断变化，每个阶段的变化都包含了创新、协作、技术运用等要素。教育是社会对人进行有意识培养的特有社会现象，社会的变革也会带动教育的变革。信息时代背景下，培养具有信息素养以及与信息社会价值规范相符合的社会公民，是信息技术与学科课程整合的重要前提。

（二）教育环境的数字化变革

信息时代，多媒体技术和网络技术不断发展，相应地也带动了教育环境的变革，教育环境正在朝着数字化、多媒体化、网络化的方向发展。在传统教育中，课程和教材一般都是以纸质文本的形式呈现；而在现代教育中，出现了多种在线课程，图书也是以电子的形式呈现，多媒体学习软件更是出现在教学的各个方面。传统教育中，主要是以教师为主导，教育的空间主要以校园教室为主；现代教育中，网络技术的应用为校园师生的教学提供了更大的便利，他们可以进行跨时空的教与学，出现了多样化的线上教育，如虚拟教育、在线教育等立体化教育，立体化的教育将现实与虚拟进行了结合，这是信息化教育的重要标志。传统教育中，学生的学习时间和学习方式很难体现出个性化；现代教育中，丰富的教育资源可以让学生进行自由学习，让他们徜徉在知识的海洋之中，能够将学生的个性化充分体现出来。由此可知，课程教学的每一个环节都有信息技术的存在，师生共处的空间并不局限于校园教室内，而是向立体化的方向不断扩展，教师和学生之间可以共享越来越多的资源，教育环境正在朝着数字化的方向变革，这极大地推动了信息技术与学科课程的整合发展。

（三）信息技术教育发展的趋势

随着信息化社会的发展，教育也应跟上信息化时代发展的脚步，为培养学生的信息化素养，世界各国采用的方式主要有两种，一种是在中小学阶段就为学生开设与信息技术相关的必修课程；另一种就是整合信息技术与学科课程，让信息技术的基础知识和技能融入具体的学科教学中。20 世纪 90 年代之前，第一种方式得到了广泛应用，但是在 20 世纪 90 年代之后，第二种方式得到了更多的关注和应用。

20 世纪 90 年代之后，世界各国对信息技术与学科课程的整合进行了深入研究，并进行了一定的实践探索。1998 年，日本对课程改善提出了两个要求，一是在中小学教学阶段将信息技术运用到各个阶段和学科中；二是小学"综合学习实践"课程中要适当地运用计算机信息手段，并在初中和高中阶段开设了必修课——"信息基础"课程。1989 年，美国提出了"2061 计划"，这个计划强调在重视学科教学的同时，要加强学科与学科之间的联系，力图将技术与课程进行整合，以此进一步提高学生和全国人民的科学文化素养。之后，"2061 计划"项目专家对各种教学资源进行了开发，促进了技术与学科课程的整合发展。

信息技术与学科课程的整合不仅可以通过信息技术有效改变传统教学的方式，构建新型的数字化教学环境，还可以将信息技术与学科课程进行有机结合，对教学和学习的过程进行进一步优化，让学生的全面发展得以提高。目前，信息技术与学科课程的整合已经成为各国教育教学改革的重点。

二、信息技术与学科课程整合的概念

信息技术与学科整合是教育技术在教学中应用的重要形式，也是当前教育技术发展的一个主要方向。目前，国内外学者对信息技术与学科整合的认识主要有以下几种代表性观点。

（1）信息技术与课程整合是一种新型教学方式，这种方式将与信息相关的技术、资源、方法等和课程内容进行了有机融合。

（2）信息技术与课程整合运用了先进的教育思想和教育理论，并在其指导下，尤其是"主导-主体"教学理论的指导下，将信息技术作为工具有效地应用在教学中，促进了学生的自主学习，为学生创设了教学环境，从而实现教学的进一步完善。

（3）信息技术与课程整合是指教师在教学中应用信息技术，同时也让学生在学习活动中使用信息技术，以提高教学效率与保障学生学业成就的新型教学方式。

综合上述观点，可以概括出信息技术与学科课程整合的"大整合论"和"小整合论"。

大整合论——从课程整体的角度思考信息技术的地位和作用，将信息技术融入课程的整体，改变课程内容和结构，变革整个课程体系。

小整合论——将课程等同于教学，将信息技术与课程整合等同于信息技术与学科教学的整合，将信息技术作为一种教学工具、媒介和方法。

三、信息技术与学科课程整合的目标

信息技术作为一种新的教学工具与手段，介入学科课程教学，对传统学科课程产生了重要的影响，这种影响还涉及课堂结构、课程内容、课程实施、课程评价等多方面（图 1-4-1）。

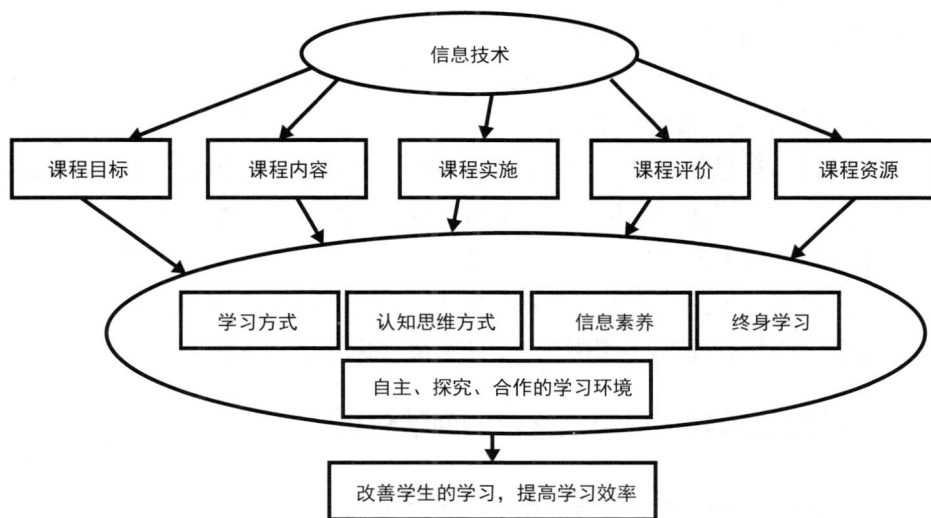

图 1-4-1　信息技术对学科课程的影响

将信息技术引入教学实践，与学科课程有机整合，推进对教学过程的全面改革，旨在实现以下教学目标。

（一）提高课程学习效率与质量

信息技术服务于现代化教学，主要是为了让学生的学习效率得到提升，让学生的学习质量得到提高。失去这个目的，任何信息技术与学科课程的整合都是无法成功的。

（二）培养学生信息化学习方式

学生在教学活动中处于主体地位，信息技术与课程整合，需要得到学生认可并需要学生自己掌握信息化的学习方法，从而不断改善学习效果。信息技术与课程整合后，学生的学习方式、学习资源和学习环境都发生了不同程度的改变。这些改变并不是自然而然发生的，而是经过一定的培养之后形成的，信息技术与课程整合的一个重要目标就是培养学生掌握信息时代的学习方式。

（三）让学生形成良好的信息素养

通过信息技术与学科课程的整合让学生形成良好的信息素养，这也是信息技术与学科课程整合的综合目标。学生的信息素养主要体现在以下几方面。

（1）应用信息技术的能力。

（2）理解和批判信息内容的能力。

（3）融入信息社会的能力和态度。

（4）培养学生终身学习能力。

信息时代，学习资源的共享性让学习空间不再局限于校园课堂内，大大拓展了学习空间。教育信息化的发展为学生的终身学习提供了机遇和条件。

学生对信息技术的掌握，有助于学生的终身学习的实现。信息技术与学科课程整合可以培养学生的自主学习意识与能力，并能提高学生对信息技术掌握方面的重视程度，使其通过不断利用这一工具实现自我的学习与持续发展。

四、信息技术与学科课程整合的现状分析

（一）国外信息技术与学科教学整合的研究现状

世界各国为实现信息素养教育，一般采用单独开设信息技术课程的方式，直到 20 世纪 90 年代之后，才开始对信息技术与学科课程整合进行了研究和实践探索。如美国提出的"2061 计划"，这一计划将信息技术与学科课程进行了有机融合，这一计划的提出主要是为了提高美国民众的文化素养，这一计划将自然科学、社会科学和信息技术进行了有效结合，让美国的信息技术与学科课程的整合成为优秀范例。

国外信息技术与学科课程整合的特点主要体现在以下三方面。

（1）国外在信息技术与学科课程整合方面的研究非常广泛，涉及的学科众多，如语言、科学、数学、音乐、美术等，并且在不断的实践研究中进行归纳总结，选出了整合教学的具体课例。国外在整合方面的研究不仅涉及课本的内容，也涉及现实生活，这样既能让学生的知识面得到拓展，让学生的能力得到不断发展，又让学生具备了更好适应未来生活的能力。

（2）国外在信息技术与学科课程整合方面已经形成了一系列的理论模式，如 NTeQ 模式、JiTT 模式等，这些模式对信息技术与学科课程整合的过程进行了详细说明，其中信息技术与学科课程整合的过程包含了对整合目标、技术功能、教学活动、学习评价等多方面的设计，为信息技术与学科课程整合的实践发展提供了有力的理论支撑。

（3）国外在信息技术与学科课程整合的过程中，不单单注重信息化环境的建设，还充分考虑了传统教学环境，不仅对传统教学提出了整合策略，还对建构主义教学提出了整合意见，强调不同的教学要运用不同的技术，从而将技术的效用充分发挥出来，让整合研究朝着多元化的方向发展，避免了整合研究的极端化倾向。

国外的整合研究虽然有很多优点，但是在实践探索过程中也难免会出现各种各样的问题，如虽然在硬件上进行了很好的配置，但是教师应用的层次并不是很高；整合研究过程中，教师只是想要通过技术将教学信息呈现出来，并没有将技术与课程进行有效整合。因此，信息技术与课程的整合有待提高和完善。

（二）我国信息技术与学科课程整合的研究现状

目前，我国在信息技术与学科课程整合方面取得了一定的成效，但是仍然存在一些问题。

1.理论成果较为丰富，但实践成果有待提升

目前，我国对信息技术与学科课程的整合进行了深入研究，也取得了一定的研究成果，但是，这些研究基本都是对理论内容的探索，如对整合的可能性和必要性进行了研究，对整合的原理和途径进行了探索等。但是在实践中我们会发现，这些理论研究是远远不够的，具体实施过程中呈现的效果无法达到理论研究中的理想效果。信息技术与学科课程整合方面的实践探索有待深入。

2.整合实践的层次与效果有待提高

在信息技术与学科课程整合过程中，教师通常将信息技术作为信息展示、沟通交流、信息加工的工具。目前，大部分教师仅仅运用信息技术进行教学演示，只有极少数的教师通过利用信息技术让学生进行研究性的学习，也只有极少数的教师通过运用信息技术来开发教育资源。多数教师并没有考虑到信息技术的运用是否与实际相契合，只是为了整合而整合，并没有将整合的真正效用发挥出来。因此，在对整合进行研究和实践探索的过程中，高校应该对整合进行系统化的设计，将信息技术切实融入各个学科课程教学中，从而让信息技术在教学中发挥最大的效用。

五、信息技术与学科课程整合的策略

（一）以正确的教育理论为指导

信息技术与学科整合必须坚持以科学的教育学习理论为指导。同时，我们必须认识到，无论哪一种理论都不能涵盖其他理论而成为唯一的指导理论，否则，便可能从一种片面性陷入另一种片面性。在信息技术与学科整合的实践探索中，我们应该合理运用整合的相关理论，并应该充分结合教学对象、内容等各个变量因素，对理论进行灵活的运用。

（二）根据教学对象选择整合策略

不同的个体之间存在客观差异。在传统教学中，高校教师的教学方法和手段选用不可能适合全部的学生，只能是适应大部分学生，信息化教学手段的选择也是如此。因此，教师的教学信息技术应适合大多数学生的特点，应结合学生群体的性别、年历、认知等特点选择整合策略。

同时，教师还应结合学生的实际发展情况选择适当的信息技术与学科课程的整合方式与方法，为学生创造良好的学习环境，促进学生对教学内容的认知、理解、掌握；结合学生的个体差异，适当地运用结构松散的教学方式或者个性化的教学方式，让信息技术与课程的整合朝着多样化、多元化和多层次的方向发展。

（三）结合学科特点构建整合教学模式

学科特点不同，教学模式也不同，对学生的要求也不同，在信息技术的应用整合重点方面也应有所区别与侧重。

（四）加强学生的动手能力

信息技术不仅具有一定的理论性，还具有较强的应用性和实践性，因此，培养学生的信息化素养，需要学生的积极参与，需要学生亲身体验信息技术，并亲自操作一些信息技术，这样才能真正提高学生的信息化素养。因此，在教学过程中要想让信息技术与学科课程进行有效整合，教师应该培养和提高学生的动手能力和操作能力。试想，如果学生不会操作电脑和软件，便会给教学过程带来一定的困扰，可能需要教师进行一个一个的指导，这样会耽误许多教学时间。

（五）灵活应用各种媒体

信息技术是一种综合技术，其内容广泛，包括多种媒体，如摄像机、电视机、录音机、照相机等。在信息技术与课程整合的过程中，学校应该要求学生掌握各种媒体的功能和操作方法，利用各种媒体制作电子作品。不同的媒体技术对教学内容和学习作品的呈现方式不同，教师应尝试多种媒体，并找出最佳呈现方式所需要的技术。

（六）将学习结果作品化并展示发表

信息技术与课程整合不仅推动了学生主动性的有效发挥，还促进了学生的全面发展；培养和提高了学生的综合素养；让学生学习的成果得到了有效分享；让学生的自我效能感得到了大大提升，从而让学生的自信心得到了有效增强。因此，在教学过程中，教师应该多多鼓励学生分享自己的学习成果，鼓励学生进行自主学习和自主探索，如此也能反过来促进信息技术与学科课程整合的进一步发展。

六、信息技术与学科课程的具体整合

（一）信息技术与语言类课程整合

1.信息技术与语言类课程整合概述

高校中，外语、中文等课程（如大学语文、大学英语等）都属于语言类课程。从整体来看，语言类课程有着共同特点，那就是人文性与工具性的统一。

这里说的工具性，指的是外语课程、中文课程着重培养学生书面语交际规范、口语表达和其他基本能力，致力于学生人文素养、语言素养的提升，从而让高校学生对语言这种工具能够更好地掌握、利用，对世界更为了解、对中西方文化差异有更明确的认识，使学生视野更加宽广。

而这里说的人文性，指的是不论外语课程还是中文课程，都会以学科基本素养为基础对学生进行帮助，使其学会有效沟通、敏锐思考，同时培育其健康的人生观以及爱国主义精神，最终令高校学生实现全面发展、学会终身学习。

信息技术与课程的整合的出发点是实现课程目标，所以，在其与语言类课程整合过程中，高校应当对语言类课程的人文性、工具性特点予以注重，对高校学生应用语言交流的能力进行提升。

2.信息技术与语言类课程整合策略

（1）创设情境——讨论交流

所有知识都有其产生情境，也有其具体应用情境，高校学生唯有在较为真实的问题情境中进行学习，才能对学习的价值、意义有深刻的认识，从而激发自身学习兴趣，获得强烈的学习动机，积极主动地对已有知识进行调动，对问题予以解决。

在语言类课程的教学过程中，高校教师可以对精彩的学习情境进行创造，对学生的语言交流欲望进行激发。

具体来说，教师创造的情境，既可以是一个真实情节的模拟交往，也可以是社会中新发生真实事件的现场辩论，还可以是现场点评、讨论一件作品……总而言之，真实的情节、两难的问题、有趣的话题，这些都能够让学生在教学情境中愉快地开展语言学习，从而让学生在学习过程中始终保持愉悦的心情、积极的情绪，保持高度主动性、积极性。

如果高校教师想要对真实的问题情境进行创造，可以运用以下两种方法。其一，将学生引入问题发生现场，从而让学生亲自进行探究、感受。在条件允许的情况下，教师也可以让学生来到历史博物馆或自然环境中认真观察、体验，这是非常好的学习方法。当然，教学实践往往会受限于种种客观条件，因而较少在真实的场景中进行。其二，对信息技术进行应用，将情境创设于课堂教学中。高校教师可以对网络数据库、虚拟现实空间、多媒体课件、真实教具与模型等进行利用，通过视听结合、图文并茂的方式将情境信息呈现给学生，尽可能地对"真实"氛围进行营造，从而让学生更为主动、积极地学习知识、解决问题，享受学习的乐趣。

（2）整合资源——信息加工

只有将丰富的参考资源提供给学生，让学生有素材能加工、有资源能参考，才能更好地对学生的人文素养、语言素养进行培育。高校教师可以利用互联网（如专题学习网站等）将丰富的资源提供给学生，从而让学生在课下多角度地、自主地对大量信息进行阅读。高校学生在对大量信息进行加工运用、优化组合、重新整理、快速提取的过程中，无形中完成了知识的内化，形成了认知结构，逐渐获得了良好的信息提取、分析、加工能力，思维表达能力也变得更为流畅。

（3）设计任务——信息表达

高校教师还可以通过任务驱动的方式整合信息技术与语言类课程。高校教师布置的任务，既可以是一个小舞台剧，也可以是一组诗歌，还可以是一篇论文，这些都是与学习目标相关的学习主题。教师要对学生提出要求，让他们通过小组协作或自主探究的方式，认真地对相关素材进行调研，对搜索、收集的资料进行整理，从而建构出自己对于学习内容的观点，最终以恰当的方式对观点进行表达。除了课堂上的语言交流之外，高校教师还可以和学生通过 QQ 聊天、高校教学平台互动等方式，随时随地交流、讨论，帮助其利用碎片时间完成学习。

（二）信息技术与文史类课程整合

1.信息技术与文史类课程整合概述

所谓文史类课程，指的是有着强烈的政治、历史等社会属性的学科。高校开展历史类课程，主要目的是对学生进行人文素养教育、公民教育，对其创新精神进行培养，提升其社会责任感与社会实践能力，对学生社会性发展予以促进，从而帮助其树立正确的三观（世界观、价值观、人生观），最终使学生成为社会主义现代化国家的合格公民。高校开展政治类课程，旨在以精神文明、政治文明、社会主义物质文明建设常识为基本内容，对学生进行引导，使之与息息相关于自身的文化生活、政治生活、经济生活紧密结合，进行社会实践、学习探究，对历史唯物主义和辩证唯物主义的基本观点、方法进行领悟，切实实现参与现代社会生活能力的提升，将建设中国特色社会主义的共同理想树立起来，为学生的终身发展打下坚实的思想政治素质基础。

信息技术与文史类课程整合，需要对信息技术跨越时空、高效直观、资源丰富等特点进行发挥，对教学过程进行优化、变革，帮助学生学会对相关信息的加工、提炼与意义建构。

2.信息技术与文史类课程整合策略

（1）注重信息呈现的直观性

历史类课程教学内容围绕的是过去发生的事件，而思想政治课教学内容则围绕当前社会学生的思想道德教育，时代感十分鲜明、突出。不论是以当今的政治生活还是过去发生的历史事件为教学内容，教师都不应对学生进行长篇累牍的灌输，那样会磨灭学生的学习热情，教学成效也很不理想。教师可以对信息化教育技术进行运用，如对多媒体课件进行制作，通过生动的解说、优美的音乐、动感的画面、动态的文字，在学生面前展现一幅幅形象生动的画面，使其更为直观地对学习内容进行了解；教师还可以对虚拟现实技术、实物图片、影视资料等进行运用，让学生真正走进历史氛围之中，走进社会之中，化身为历史与社会的参与者、观察者，从而更为深刻地理解教材中的文字。

（2）赋予学生自主加工学习内容的权利

凡文史类课程，社会属性必定十分深厚，需要学生积极、主动探索。教师在运用信息技术进行教学的过程中，要注意将自主学习的机会给予学生，避免过多的灌输、讲授，应当教会学生如何使用信息技术，使其在课后能够自主地对学习内容进行加工，根据自身的实际情况开展学习。

（3）构建开放性的课程内容

开放性是文史类课程的共同特点。伴随社会不断发展以及改革开放走向纵深，新问题、新矛盾持续涌现，而由于具体条件、地点、时间不同，人的思想认识也有所不同，即便对于同一事物，不同的人也很可能做出不同层次与水平的解释，基于此，在文史类课程（如思政课）中，教学内容呈现出开放性特征。

由于文史类课程具有开放性，所以在将信息技术与其进行整合时，教师要对信息技术的优势进行充分利用，将课程目标的实现紧密结合于学生的学习与生活，对开放的教学结构进行营造，从而使之适应于开放的教学内容。

（三）信息技术与数理类课程整合

1.信息技术与数理类课程整合概述

数理类课程，包括物理、数学等逻辑类课程。高校开展数理类课程，目的在于培养学生抽取事物的数、形属性的敏锐意识，通过借助符号和逻辑系统，对抽象模式、结构研究事物的思维方式进行利用，帮助学生养成严密演绎的探索习性，最终使其形成科学的价值观、世界观，促进学生终身发展。在高校数理类课程教学过程中，教师要运用信息技术，向学生提供信息处理工具，激发他们的学习动机。

2.信息技术与数理类课程整合的策略

（1）创设情境——激发求知欲望

数理类课程有着非常强的逻辑性，故而学生必须在学习过程中始终保持较强的学习动力，否则一旦出现懈怠、走神问题，将很难跟上下面的学习内容。所以，教师应当运用信息技术，巧妙地对学习情境进行创造，针对学习情境提出相适应的问题，促进学生主动思考，一方面让学生学习兴趣更为浓厚，另一方面也对其求知欲望进行激发。

（2）问题解决——联系数理逻辑与现实应用

教师可以运用信息技术对数学问题进行设计。例如，计算机软件、动态几何软件、电子表单等，这些都是有力又有效的教学工具，能帮助教师提出极具价值的数学问题。同时，教师也要指导学生运用计算机、计算软件等信息技术工具，对实际数学问题进行探索、研究与解决。

（3）适度有效地使用信息技术

尽管运用信息技术，有助于学生对更多的、更深奥的数学知识进行学习，也能将更广阔的空间提供给学生，使其对数学更好地理解与应用。然而，在将信息技术与数理类课程进行整合的过程中，教师一定要认识到，信息技术工具并不能对原本的教学活动进行代替，如逻辑推理、基本运算、直观感知、实际观察等。

我们都知道，数学老师不能被信息技术代替，而基本的直觉与理解也不能被信息技术所替代。高校与高校教师要意识到，信息技术是一把双刃剑，如果能对其进行恰当利用，那么教师、学生将受益无穷；而如果不能对其进行恰当利用，不能将其与数理类课程进行妥善整合，就会对教学造成不利影响，削弱学生的运算能力、记忆力。所以，在信息技术与数理类课程整合过程中，教师一定要注意适度使用，将其结合于传统的纸笔运算、制作图表、动手操作、逻辑推理，使二者达到一个平衡状态。

（四）信息技术与艺术类课程整合

1.信息技术与艺术类课程整合概述

高校艺术类课程综合了篆刻、书法、影视、舞蹈、戏剧、美术、音乐等表现手段与艺术形式，直接或间接地影响着学生的科学认知、文化素养、情感、生活等方面。高校艺术类课程，并非简单叠加各门艺术学科知识、技能数量，而是对学生多方面的艺术能力进行综合发展。高校开展艺术类课程，主要是为了对学生的艺术素质进行培养，帮助其掌握基本的艺术表达方式、积累正确的审美经验，从而能对自身思想与情感进行更好的表达。艺术类课程除了对学生的艺术能力进行培养之外，还对学生跨域转换、开辟贯通、整合创新等多种能力进行培育，最终实现学生全面发展。

2.信息技术与艺术类课程整合的策略

信息技术的交互性、虚拟化、开放化、网络化的环境，对艺术学科的学习空间进行了极大的拓宽，也将创造艺术、表现艺术、理解艺术的工具提供给学生。教师在艺术类课程教学过程中积极对信息技术进行运用，能够获得更好的教学成效。

（1）展现原创作品，让学生真实体验艺术

在艺术类课程的教学过程中，高校教师经常要将经典作品展示给学生，有些作品教师很难获取，却又为教学所需。而信息技术具有特殊的再现能力，教师可以对此进行利用，向学生展现各种艺术作品，使其真切地感受到经典艺术作品所具有的魅力。例如，教师可以通过网络对大量文字资料、图片进行搜索，通过Power Point 将图、文制作成 PPT 演示文稿，利用多媒体系统向学生展示；教师也可以通过网络下载高清视频，让学生得以观察到艺术作品的每一处细节；有条件的情况下，教师还可以对 VR 等技术进行运用，从而为学生带来更真实的观察体验。如此，既对学生的听觉、视觉进行刺激，也使得学生更具学习兴趣。

（2）提供交流平台，打造艺术交流的氛围

高校校园网构建了教师与学生交流的平台。学生学习完艺术类课程后，往往会自己对艺术作品进行创作，通过校园网媒介，学生能展出自身创作的作品，并在和其他学生、教师的交流过程中，碰撞思维火花，提升自身创造性思维能力。此外，由于网络具有便利性、即时性，学生不仅能够利用互联网对历史上经典艺术作品进行赏析，还能跨地区甚至跨国界地对当前国内外名家作品进行欣赏，还能与艺术家进行交流，实现自身艺术修养的进一步提升。

（五）信息技术与实验类课程整合

1.信息技术与实验类课程整合概述

对于物理、化学等学科的教学来说，实验是非常重要的组成部分。通过实验，学生能够在实践中对课堂上所学理论知识进行应用，对未知世界加以探索与研究，发现科学规律，形成理论联系实践的方法论。然而，在高校实际教学中，受限于各种客观原因，学生无法亲自操作完成所有实验。一方面，有的实验过程不长，甚至转瞬即逝，因此学生只能对实验结果进行获得，而无法观察实验过程；有的实验过程则耗时漫长，无法在课堂的有限时间内完成；有的实验需要很大的空间，或者危险性较高，不能让学生操作；等等。另一方面，当前各高校的实验类课程教学，多数存在实验经费、场地、器材、设备保障不足与实验内容、形式等要求越来越高的矛盾。实验教学的开展一定程度上受到器材、设备配备的影响，同时也在一定程度上影响着学生实践创新力的培养成效。

在实验教学中应用信息技术，既能对上述难题予以解决，又能获得传统教学手段无法提供的功能。高校可以利用虚拟现实技术、多媒体网络技术对某些实验情境进行仿真或虚构，从而让学生对其中的对象进行操作或观察，间接让学生拥有"真实"实验体验，对其中的科学规律进行探索发现。以信息技术为基础的实验教学，有益、有效地扩展、补充了传统实验室教学，一方面能够对客观条件、主观条件的制约予以突破，另一方面能够在时间、空间上让实验获得有效延伸。

2.信息技术与实验类课程整合策略

（1）使用课件展示分析微观和抽象的过程

对于部分实验现象、过程，学生无法亲眼进行观察，也就无法真正对实验规律加以探究。在这种情况下，高校教师可以对多媒体技术进行利用，采取课件、动画、视频等形式对这些实验现象进行展示，让学生在大屏幕上对其进行仔细观察。教师还可以对视频特效进行运用，倒放、快放、慢放视频，从而让学生更清楚、更细致地对实验现象进行观察，对现象背后的规律加以探索。

需要借助信息技术，使用课件加以展示的实验现象，通常有着如下几种特点：

①实验对象太小或太大，学生难以用肉眼直接进行观察。

②实验花费较高，或危险性较强。例如，易爆炸的实验、涉及有毒物质的实验等等。

③实验有着过短或者过长的周期。

（2）利用多媒体软件自主练习实验技能

在实验教学中，单纯对多媒体信息展示这种教学方式进行使用，不能达到相应教学要求，因此，教师应当将实验操作机会提供给学生。在信息技术与实验教学整合的设计中，高校教师可以将实验模拟软件提供给学生，这样，学生在充分理解实验基本原理之后，便能将理论应用于实验"操作"之中。学生进行的这种实验"操作"，其实是一种仿真的虚拟操作，他们可以对实验模拟软件进行充分利用，反复进行实验，对自身的知识技能加以锤炼，这样，当真正使用真实实验器材进行实验操作时，便能十分熟练、游刃有余。

（3）利用虚拟实验室设计实验来探索规律

教师要对学生实验操作技能进行培养，并以此为基础，让学生能够完成实验设计，通过实验对科学精神进行探索，使自身解决问题的能力得以提升，这便是高校开展实验教学的根本目的。所以，在对信息技术与实验类课程进行整合时，高校还应对虚拟实验室的开发、利用予以注重，借助现代信息技术（如虚拟现实技术、三维建模技术等），对真实规律、环境进行模仿，将高仿真的、用户得以交互的虚拟环境营造出来。

通常来说，网上虚拟实验室应满足如下要求：

①能将高度逼真的虚拟实验环境提供给实验人员。

②在高度逼真的环境下，实验人员能够任意搭接、操作虚拟仪器、元器件。

③能够实时仿真实验过程与内容。

④开放性良好，用户能够从自身需求出发，对仪器库和元件进行扩展，对实验内容进行定制，等等。

⑤所具有的辅助功能能够适应于实验教学要求，如实验资料检索功能、评价和考核功能、实验报告提交与评阅功能、实验演示和指导功能、自主预习和学习功能，等等。

当然，教师也必须认识到，尽管虚拟实验能够为实验教学提供很大便利，为学生提供更多实践机会，然而在实验教学过程中，不能一味运用虚拟教学手段。在信息技术与实验类课程整合过程中，教师应当将网上虚拟实验作为实际动手实验的扩展、完善与补充，让二者之间相辅相成、相互促进。高校教师要注意，"实物实验"不能完全被"虚拟实验"取代，就算虚拟环境非常逼真，有着与实物实验相一致的操作，二者的体验也并非完全一样，仍旧存在差别。在高校实验类课程教学中，还是应当先考虑实物实验，唯有难以进行实物实验的情况下，才应当用虚拟实验进行代替。

此外，高校教师在组织学生对虚拟实验室进行利用时，也要注意学生技能、知识的迁移，从而保证实验课教学成效。

第二章　信息化背景下高校教学模式创新理论研究

高校教学结合信息化技术的应用，形成了新型的教学模式，教学层次更加深入。本章主要介绍了教学模式与信息化教学模式的内涵界定、信息化教学与传统教学模式的差异、信息化教学模式建构的支柱类型、信息化教学模式的新探索几个方面。

第一节　教学模式与信息化教学模式的内涵界定

一、教学模式的含义

教学模式是教学法和教学方法的升华，它们不属于同一个层次，并且从教学法、教学模式、教学方法这个顺序来看，其涉及范围是由大到小，概念内涵是由宏观到微观的。国内外教育界以不同的教学问题为出发点，给出的教学模式的界定也是多样化的。通过查阅文献，本书整理出关于教学模式含义的几点内容：

（1）教学模式强调教育理论、教育思想的地位和作用，包括教学结构、方法、策略等多种不同于纯理论的内容。但是我们要认识到，教育模式本身并不能用来指导和组织教学，它不属于设计组织教学的理论，是理论的下位概念。

（2）教学模式不能与教学计划相提并论，它囊括教学计划，是在当前技术条件下协助教学进行的模式，而计划是体现教学模式实际操作的外在表现形式，具有一定的长远性。想要形成教学模式可以直接概括教学实践经验，也可以先根据一定的理论提出假设，然后在实践中逐步完善。

总而言之，教学模式的本质内涵是依据相关的教学理论，形成稳固的教学活动程序和框架。

二、信息化教学模式

（一）信息化教学模式的定义与特征

1.定义

随着信息化技术的发展，信息化教学模式作为教学模式的新发展，主要是在技术支持的教学模式或者数字化 / 信息化学习模式基础上发展而来的。技术支持的教学活动结构与技术支持的教学方式就是信息化教学模式。信息化教学模式作为一种非常先进的教学模型，主要建立于相关学习环境设计理论，以及实践框架的基础上，不仅包含教学策略，还包含教学方法。

现如今，随着技术的发展，无论是国内还是国外信息化教学模式都多种多样。随着现代教育信息化、科技的突破创新和信息化融合过程的不断应用和发展，必将涌现出一批全新的信息化教学模式，从而最终构成新型教学模式体系。

2.特征

信息化教学模式从本质上看是信息化教育的具体表现形式，因此有着信息化教育的一般特征。信息技术的灵活应用是信息化教学模式的表层特征；信息化教学模式的深层特征涉及一系列的变化，如人才观、教育观等诸多方面，从某种程度而言是自觉适应信息以及知识时代需求的一种必然选择。

（二）信息化教学模式的意义

信息化教学模式通过调整相应的教学方式、评价方式等多种学习方式，推动学生获得适应信息时代的知识、能力和素质，从而更好地适应时代对教育教学改革的要求。

1.发展学习者适应信息时代所强调的素质

随着时代的发展，在真正进入知识经济时代以后，人才素质结构开始向知识劳动者转移，以便于更好地进行知识信息的搜集、知识信息的处理以及知识信息的加工，因此传统的产业工人便相对减少。研究表明，信息时代对知识劳动者的相关知识、能力、情感和素质等方面将会有更高的要求。

（1）知识劳动者要对因特网、电子邮件、文字处理软件、知识管理、制图软件等一系列相关的计算机技术进行学习和掌握，并能熟练地运用。

（2）知识劳动者要对团队协作与组织能力、信息技术素养、问题解决能力、决策能力等多种适应生存与发展的能进行学习与内化，转变为自身所具备的生存技能。

美国有学者在综合研究的基础上提出了信息时代所需求的七大基本技能，如表 2-1-1 所示。

表 2-1-1　信息时代的基本生存技能

七大技能	所包括的技能
批判性思维与实干	问题解决、研究、分析、项目管理等
创新	新知识的创新、至善至美的设计方案、讲故事的艺术性等
协作	合作、协商、达成共识、团体建构等
跨文化理解	超越民族隔阂、跨民族的知识和组织文化
传播	制作信息、有效地使用媒体
计算机素养	有效地使用电子信息和知识工具
生涯与学会自立	处理变化、终身学习和生涯调适

2.变革学习方式

对学习方式进行变革是信息化教学模式极为重要的旨趣和目的之一，学习方式在信息技术提供的一系列思想以及众多方法的强烈支持下得到全新的构建。

（1）走向创新性学习。在进入信息化时代后，传统的继承性学习已经难以满足时代的需求，因此要逐渐走向创新性学习。创新性学习的内涵体现在两个方面：第一，学会，即对自然科学和社会科学的必要知识进行学习掌握，同时对一些相关的知识、技能、态度、方法以及道德品质的进行培养与提高；第二，会学，俗话说授人以鱼，不如授人以渔，讲的就是要想有源源不断的收入，就要掌握根本的学习能力，包括思维、观察、动手等各项学习能力，其中最关键的是培养思维与创新能力。实现创新性学习一般要遵循以下原则：第一，准确快速地筛选和存储所需要的信息；第二，根据这些信息进行实践活动，并能成功地解决某些问题；第三，运用自身的创新意识，在拆分重组的过程中提出新颖的观点与看法。

（2）走向自主学习。信息化教学模式主张摆脱传统学习模式下学生被动地接受知识的状态，培养拥有自主学习能力的学生，不断发展和提升学生学习的主体性、能动性和独立性，让学生能主动地根据时代的变化，逐步更新自身的知识与能力结构。另外，信息化教学重视自主学习的主体性和参与性的特征，让学生自觉积极地参与社会和集体组织的活动，保证这种自主性的合理合法性。这也符合我国新课程改革倡导人的主体性、能动性和独立性的学习宗旨。之所以如此强调自主学习的重要性，是因为其意义重大，发挥着重要作用：第一，每个人生理和心理发展的必然趋势就是实现行为的自主性，同时行为自主性也是决定一个人是否成熟的关键因素。第二，自主学习的能力能够为个人的终身学习、个性化学习以及教育终身化提供相应的保障，让人们跟上时代进步的步伐，有效地融入团队合作，实现自我的可持续发展。

（3）走向个性化学习。由于每个学生的天赋和理想不同，因此想要实现个体的成功，就需要重视每个人的个性化需求，这是保证学生充分发展的前提。现如今，信息化时代已经为每位学生提供了其所需的各种学习条件，学生要努力抓住这个机会，运用自身独特的学习方式，各取所需，充实自身的个性化需求；另外也需要教师以学生为中心，因人而异地进行针对性引导，帮助学生实现个性化学习。

（4）走向基于技术的学习。互联网和信息化时代重点强调和关注的就是学生在各种先进的信息技术的强有力支持下，不断进行自主、反思与探究性学习，从而使自身在知识方面和能力方面得到有效充实。除此之外，学生还要做到主动、充分利用网络提供的各种多样化学习平台，通过努力构建和实现开放化的学习模式。

学生基于技术开展各种有效学习活动，能够使自身在新时代所需的能力得到有效、全面的发展（表 2-1-2）。

表 2-1-2　基于技术的学习活动与相关能力发展

基于技术的学习活动	可望发展的能力
数据库设计 / 构架、数据	促进理解复杂数据及其之间的关系，以帮助决策
视觉化、信息分析 / 阐释知识管理 / 构架	学会将知识和经验转化为职业 / 个人发展的力量，并养成不断学习的心理习惯
视觉化处理	学会如何将静态的、复杂的信息转化为动态的、明晰的数据
表达 / 呈现	学会进行有效传播的技能
信息提炼	学会有效的写作技巧，将大量的信息转化为相关的、关键性的知识组块
团队协作项目	促进人际关系和项目管理技能的发展
虚拟协作	学会在规定的时间内或"居家"与同伴进行远程工作协作的能力

综上所述，信息化教学模式的主要旨趣和目的就是充分依据信息化时代对各

种优秀人才素质的强烈需求，对信息技术的各种功能进行充分、灵活的利用，对以前传统的学习方式进行有效变革和完善，从而使学生在高阶方面的能力得到更好发展。

第二节　信息化教学与传统教学模式的差异

一、教学手段的差异性

传统教学手段主要指的是在教师教学过程中针对专门的教学内容，运用黑板、标本等较为简单的教学媒体，单向向学生传播各种教学信息的独特方式。信息化教学手段和传统教学手段相比，主要是教师在教学中运用各种先进的多媒体技术，将原来教材中的各种文字、图像等成功转化为数字化和信息化的教学资源，由教师在教学的过程中通过多媒体的方式呈现给学生。除此之外，多媒体资源也可以通过网络实现及时、快速、便捷的传递和共享，使教师的教学效率得到大幅度的提升。传统教学手段与信息化教学手段的差异如表 2-2-1 所示。

表 2-2-1　传统教学手段与信息化教学手段的差异

	传统教学手段	信息化教学手段
表现形式	单一化	多样化
媒体特征	传统媒体	多媒体
讲授方式	灌输式地讲授	交互式指导
信息传递	单向传递	双向、多向传递

传统教学主要以课堂教学为主，教学形式比较单一，因此主要的教学活动就是教师传授知识以及学生接受知识。信息化教学和传统教学相比，形式更为多样化，能够在各种不相同类型的教学环境中开展丰富多彩、多种多样的教学，如自主学习、探究学习等。传统教学在开展和组织教学活动的时候，主要通过单一化的媒体来进行，教学媒体在承载教学信息方面的能力非常低，并且传递教学信息的功能也非常简单化和机械化。信息化教学手段和传统教学手段相比，教学功能更为丰富，教师在教学过程中借助屏幕投影将知识传授给学生，通过网络进行师生答疑、开展各种小组讨论等，不仅使教师和学生之间的交流、沟通得到加强，同时也使学生在自主学习方面的能力得到了一定的培养和提升。除此之外，教师

通过信息化教学可以快速提高学生的学习效果，信息化手段将多种信息结合在一起，如声音、图像等，使学生在视觉、听觉等感官需求上得到一定的满足，从而充分激发和调动学生学习的兴趣、主动性和积极性。教师在传统教学中采用的讲授方式多数为灌输式教学，是教师对学生的单向教学信息传递，没有对每一位学生的特点进行全面、系统的考虑，无法真正做到因人而异和因材施教，因此教学过程极为枯燥和乏味，非常不利于学生在认知方面能力的进步和发展。信息化教学方式和传统教学方式相比，主要采用的是交互式指导讲授方式，师生之间可以相互沟通和交流。信息化教学信息的传递和传统教学中单向教学信息的传递有很大的差别，前者可以多向或者双向传递，做到从教师到学生或者学生到教师之间的相互传递，最终使学生和教师之间形成平等的地位和关系，有利于教师教学活动的有效实施和顺利开展。

传统和信息化的教学手段虽然存在一定的区别，但无论是传统教学手段还是信息化教学手段均有着各自的优点。两种教学手段在教学过程中是相互补充、取长补短的紧密关系。因此，教师在教学过程中应该将这两种教学手段巧妙结合在一起，实现优势互补，只有这样才能使教学质量得到大幅度的提升。

二、教学资源的差异性

教学资源实际是有效支撑整个教学过程，帮助达到教学目的，以及进一步实现教学功能的各种资源的总和；从另一层面来说，教学资源是教学系统中一切物化和非物化的资源。教育资源包括很多方面，如教学资料、教学环境等。其中，传统教学资源和信息化教学资源有着很大的区别（表 2-2-2）。

表 2-2-2　传统教学资源与信息化教学资源的差异

	传统教学资源	信息化教学资源
教学材料	书本、教科书、挂图、教学器具、课件、教学电视	数字化素材、教学软件、补充材料等
支持系统	教师和同伴对学习者的指导与帮助	现代媒体和学习工具对教与学过程的参与，网络信息对学习内容的补充
教学环境	以教师为主，以课堂教学为主要教学形式	以信息技术的应用为特征，具有多样化的教学环境和教学形式

大量的教育信息被蕴含于教学材料当中，而教学材料是可以创造出教育价值的各类信息资源。众所周知，书本、课件等都属于传统教学材料的范畴。信息化教学材料和传统教学材料相比有着较大的区别，其主要以数字形态的方式存在，包括学生在学习过程中以及教师在教学过程中需要的各种教学素材等，其中素材类教学资源有文本、音频等；集成类教学资源和网络课程有教育游戏类资源、教学模拟类资源等。

支持系统主要指的是内部和外部的条件，其对教师开展的各种教学活动进行有效支持，以及支持学生的学习，如设备支持、信息支持等。传统支持系统指教师、同伴、工具书等对学生学习的一系列指导和帮助。信息化教学资源的支持系统主要是指教师在教学过程中以及学生在学习过程中现代媒体与学习工具的参与，和大量网络信息对学生学习内容的有效补充等。

教学环境除了指教师的教学地点，还指学生、教学材料与支持系统三者之间在相互交流和沟通的过程中形成的氛围或气氛。教室是传统教学的主要教学环境，主要的教学形式是课堂教学。信息化教学环境和传统教学环境相比，其主要是以信息技术的应用为特征，如校园网、电子网络教室等。教师在开展和组织课堂教学的时候，能通过多样化的教学环境，有效组织学生进行协作和探究式的学习，以及进一步合理、正确地指导学生自主学习。

在后文中，我们也将对教学资源进行更为详尽的阐述。

三、教学模式的差异性

教学模式指的是在教学过程中以教学理念和教学规律为依据，而形成的相对稳定的教学程序和教学方法的策略体系。教学过程中所涉及的各种要素的组合、教学程序和相应的策略等都是教学模式所涵盖的方面。如表 2-2-3 所示，为传统教学模式与信息化教学模式存在的差异：

表 2-2-3　传统教学模式和信息化教学模式的差异

	传统教学模式	信息化教学模式
教师的地位	知识的灌输者	学习的指导者、帮助者
学生的地位	被动接受知识	主动构建知识
媒体的作用	教师向学生传授知识的工具	教师教的工具、学生学的工具以及交互工具
教学内容的主要来源	课本、教材	课本、教材、网络资源等

在传统的教学模式中，教师身份是知识的主动施教者，而学生的身份是被动接受者，媒体则是教师向学生传授知识的辅助工具。学生作为教学中的认知主体，如果在整个教学过程中处于被动的地位，将会阻碍其创新精神和创新能力的培养和发展。这种模式的优点在于，有利于将教师的主导作用发挥出来，使教师能够更好地对课堂教学进行组织、管理和控制；但它也存在一个很大的缺陷，那就是忽视了学生的创造性和主动性，不能很好地将学生作为认知主体的作用体现出来。如果学生作为认知主体，却在整个教学过程中一直处于被动地位的话，那么教学肯定难以取得理想的效果，培养创新人才的过程中更是困难重重。

在现代社会，随着教育领域中开始对信息技术进行应用，特别是广泛应用网络教学，使教师和学生所处环境中的信息源日益丰富，所以在获得信息的机会上，教师和学生几乎是均等的。在这种情况下，教师不应再只作为信息的传播者或组织知识系统的展示者，而应该将自己在教学过程中所处的权威的中心地位，转变为辅助地位，使自己成为学生学习的指导者和合作伙伴。学生在学习时，不应只是被动地接受信息的刺激，而应该对知识意义的过程主动地进行构建。要想做到这一点，就需要学生根据自己的知识基础，积极主动地选择、加工和处理外部知识，从而理解知识的意义。

所以，信息化教学模式以现代教学环境中信息的传递模式和学生加工知识信息的心理过程作为依据，充分利用多媒体计算机、教学网络、校园网和互联网等现代教育技术手段的支持，尽可能多地调动教学媒体和信息资源，从而为学生营造出一个良好的学习环境。在这个过程中，教师应该对学生的学习进行指导和组织，将学生的主动性、积极性和创造性充分发挥出来，使学生真正意义上成为知识信息的主动建构者，从而使教学取得良好的效果。在这种模式下，教师不再是知识的权威、知识的灌输者和课堂的主宰者，而是成为学生学习的组织者和指导者以及学生建构意义的帮助者和促进者。

总之，知识不能简单地通过教师传递给学生，而是需要学生与学习环境交互来完成建构，而这种建构必须由学生自身来完成，是无法被他人替代的。教学不是将知识进行传递，而是对知识进行加工和转化。教学应该不再采取由教师向学生传递知识的模式，转变为对学生的能力、主体意识、主体性、个性、创造性和实践等各方面的能力进行培养和发展的过程。

在教学过程中，教师还应注意激发和保持学生的学习动机，为学生的自主学习提供工具性支持。

第三节　信息化教学模式建构的支柱类型

一、理念支柱

（一）素质教育

为了适应时代和人类发展的需要，素质教育的教育理念应运而生。20世纪90年代开始，一直到今天，人们对素质教育的定义和内涵进行了不断地研究，并取得了许多共识。素质教育的根本目的是全面提高全体学生的基本素质，主要的运作精神为弘扬学生的主体性、注重学生的潜能发掘和健全学生的人格发展，格外注重对学生创新精神、创新能力和实践能力的培养，使教育符合时代社会发展和人的发展的需要。这一定义的内涵理解可概括为以下几点。

（1）两种需要：时代社会发展的需要、人的发展需要。

（2）三个发展：全面发展、全体发展和个性发展。

（3）两个注重：注重潜能开发、注重创新和实践能力。

（4）一个运作精神：以实施和弘扬主体性教育为主。

（二）新课程教学理念

《基础教育课程改革纲要（试行）》和一系列新的课程标准的颁布，旨在顺应时代的发展需求，使我国的教育体系与世界教育改革的发展趋势相符，构建出符合素质教育要求的基础教育课程和教学体系。《基础教育课程改革纲要（试行）》颁布后，将我国的基础教育课程改革推向了一个实质性的发展阶段，呈现出令人瞩目的发展态势。

（1）新课程明确提出要实现三维目标：从基本知识和技能的传授，转变为对个人情感和价值观的教育，实现以学生发展为中心的完整课堂教学的目标，摒弃固有的以知识和学科为中心的传统发展观，促进每个学生全面发展自己的知识和能力。

（2）新课程提出了"能焕发出生命活力"的理想课堂教学形态：一是师生心灵对话、互动的舞台；二是引导学生发展、探索未知的场所；三是探究知识、点燃智慧的场所；四是教师充分展现教育智慧的场所；五是师生共同激发潜能、创造奇迹、获得双赢的时空；六是充满平等和民主、愉悦和共鸣的场所。这种新课程所倡导的理想课堂存在着生活性、发展性和生命性这三大理念，其中，生活性指的是这种新课程与生活紧密相连的特性；发展性指的是这种新课程致力于每一位学生发展的特性；生命性则是指学生在这种新课程所倡导的理想课堂中能够充分体验生活的乐趣，从而激发自己的潜能、享受生命的愉悦的特性，而教师也能在这个过程中，从自身的创造性工作中感受和体验生命，实现自我的价值。

（3）对学生的学习方式进行转变是新课程中最显著的特征和最核心的任务。其中，学习方式指的是在学习过程中，学生基本的行为和认知的取向。此处值得注意的是，学习方式并不是指具体的学习策略和方法，而是学生在学习时应具备的自主性、探究性和合作性方面的基本特征。以上提到的这三种基本特征既是学习方式的三个基本维度，同时也是对教学特征或教学价值进行判断的基本参照。另外，根据《基础教育课程改革纲要（试行）》，对学习方式进行转变其实就是对学生的教育价值观、人才观和培养模式进行的变革，这种转变对促进学生的全面发展具有战略性的重要意义。转变学习方式的主要指向是：第一，将学生在学习中的被动性变为主动性；第二，将学生在学习中的依赖性变为独立性；第三，将学生在学习中的划一性变为独特性；第四，将学生在学习中的抽象性变为体验性；第五，将学生在学习中的零散性变为问题性。换言之，主动性指的是"我要学"、独立性指的是"我能学"、独特性指的是"是我学"。主动性、独立性、独特性、体验性和问题性共同构成了现代学习方式的五大基本特性。从本质上讲，现代学习方式的目的是弘扬人的主体性和促进人的可持续性发展。

（4）新课程的改革中，信息技术对教学过程的促进发挥着重要作用，有着非常重要的意义，高校要融合信息技术与学科课程，借助信息技术提供的多样化的教育环境和认知工具，从根本上实现学习方式、教学方式、师生互动方式的改革。

（5）新课程抛弃原来传统的以教师为主的教学体系，强调教师扮演好学习促进者、研究者、建设者的角色，鼓励学生进行自主学习。随着教师角色的变化，相应的教学行为也应该进行调整：第一，教师要强调帮助和引导学生进行学习；第二，教师要保持对学生的尊重和赞赏；第三，在教学过程中，教师要注重反思教学；第四，教师与教师之间要强调合作教学，共同进步。

（6）新课程针对教学评价观进行适宜的改革：第一，重视评价促发展的功能，而不是传统的通过评价进行筛选与选拔；第二，提出多元化的评价指标，全面客观地进行评价；第三，运用多样化的评价方法，保证评价的质量；第四，依靠多个主体进行评价，保证评价的客观性；第五，评价重心由原来的结果评价转向过程评价。

总之，新课程教学理念不同于素质教育从价值观、目的观等宏观方面指导信息化教学模式建构的理念，它是从微观角度，着眼于教学目标、学习方式、教师角色这些细节为信息化教学模式建构提供理论指导。

在新课程教学理念的指导下，信息化教学模式建构需要做到以下几点：第一，注重学生创新和思维能力的发展；第二，在保证教学目标整体性的前提下，实现课堂教学形态的创新与完善；第三，要适应人和时代发展的需要；第四，实现教学关系、教学过程、教学方法等一系列学习方式的根本变革；第五，强调师生的主体性地位以及两者之间的交流互动作用；第六，构建以建构主义先进理论为指导，基于信息技术的教学模式。

所以，在建构信息化教学模式的过程中，高校应该对素质教育的理念和新课程教学理念进行自主且全面的理解，并在这两种理念的指引下，实现对基于工业时代的教学模式建构与实践倾向的超越和制衡，对自身的功能和价值进行准确定位。唯有如此，信息化教学模式的建构与实践才有可能成为一种与时代协同演进，通过促进教育变革进而推进社会变革的积极力量。

二、理论支柱

（一）人的全面发展理论

教育目的不仅是教育活动的宗旨，同时也是开展教育活动的基础依据。由于不同的社会历史时期受到不同的历史条件和教育价值观的制约，所以对受教育者的培养也有着不同的要求，因此能培养出不同素质、不同规格的人才。例如，中国古代教育家提出通过礼、乐、射、御、书、数的教育培养国之"士"；古希腊教育家主张在教育中开设"七艺"，使培养出来的人才具有健康的体格、良好的道德标准和美感；在中世纪的欧洲，哲学没有神学的地位那么高，教育旨在培养能为宗教神学献身的禁欲主义的苦行僧。在教育史上，有各种不同的关于教育目的的论述，然而在文艺复兴之后，近代西方几乎每一个进步的思想家都开始推崇教育是为了实现人的全面发展的理论，而人的全面发展也开始成为贯穿于近代历史文明发展中的崇高理想。

1.马克思主义的"人的全面发展"理论

在人的全面发展的理论中，人的劳动能力的全面发展是最根本的一方面，也就是说人应该在智力和体力实现全面统一的发展；与此同时，人的全面发展还包括能力、兴趣和道德素质等其他方面的发展。思想先驱们一直在思考的问题就是人的发展问题，如普罗泰戈拉、圣西门、傅立叶等，他们也曾对人的发展问题进行探讨。然而，直到 19 世纪中叶，人的全面发展理论才被马克思和恩格斯在吸收前人理论的基础上提出来，这同时也标志着人的发展论的确立。

在马克思年轻时，他就开始对人的发展问题展开了思考，并在《青年在选择职业时的考虑》中指出，职业选择的主要指针是人类的幸福和自身的完善，这也是马克思最早对人的发展进行的描述。在经过进一步思考之后，马克思在 1844 年写出了《经济学和哲学手稿》，其中首次提出人的全面发展的思想，指出人以一种全面的方式，也就是说，作为一个完整的人，占有自己的全面的本质。而在此后的《关于费尔巴哈的提纲》中，马克思又指出，在人的全面发展中，实践是非常重要的一点，只有到了个人本身能够驾驭外部世界对个人才能的实际发展所起的推动作用的时候，人的全面发展才不再只是理想、职责等，这种理想状态也正是共产主义者向往的。马克思关于人的全面发展思想就在这一系列理论中初步形成了。此后，这一思想被马克思和恩格斯在《哲学贫困》《共产主义原则》《共产主义信条草案》和《共产主义宣言》中进行了进一步的阐述和发展，最终形成了人的全面发展的完整理论。

我们可以将马克思主义关于"人的全面发展"理论概括为以下几个主要方面。

（1）人的需要的全面发展

马克思认为，人的需要是人的一种本性，它是人类一切活动的源泉和动力，因此，如果人没有需要，那么社会就不会存在生产。正是因为人要满足自身生存、享受和发展的需要，所以物质生产和社会活动才得以进行。不断丰富、日趋全面的人的需要，代表着人的本质力量新的呈现和个人存在的意义。我们不可以剥夺和压抑人的正当需要及对该需要的满足行为，因为这违背了人性，从根本上否认了人类本身。人的需求的全面发展指的就是要满足人的物质、精神生活以及社会关系中的各种需求，以此来实现个人的价值和发展。

（2）人的主体性的全面发展

人的主体性是人所具备的一种特殊属性，这种特殊属性通过凭借个人的综合素质与实践活动而使人处于支配地位、成为主人。在马克思看来，社会历史的主体是人，而人的主体性体现在人在创造历史的活动中表现出来的主动性、创造性和自主性。

（3）人的能力和才能的全面发展

马克思认为，人的全面发展的核心和重要内容是人的能力的全面发展，人的发展必须发展各种能力，而人又具备多方面的能力，如人的自然力和社会能力、潜力和现实能力、体力和智力等。只有充分发展人的能力，才能真正实现人的全面发展。

（4）人的个性的自由发展

人的本质力量发展的集中体现是人的自由个性，同时，人的自由个性又能将个人的生理素质、心理素质和社会素质在不同社会领域进行集中表现，充分展示出人的自主性、能动性、独特性以及创造性。马克思指出，个性的自由发展就是一切天赋得到充分发展。

（5）人的社会关系的全面发展

人的社会关系指的是人与自然、社会还有他人之间存在的关系。社会关系可以体现人的现实本质，换言之，社会关系是人的本质的现实性表现。单个人所固有的抽象物并不是人的本质，人的本质在现实性上来讲应该是一切社会关系的总和。因此，人的全面发展在本质意义上其实就是人的一切社会关系的全面发展。又因为社会关系在实际上能够决定着人的发展程度，所以每个人都应该积极参与社会生活各个领域的交流，在与他人的交流中使自己形成丰富而全面的社会关系。由此我们可以看出，人的本质的全面发展就是人的全面发展的核心内容。人的本质的全面发展，其实也就是指人的社会属性即人的社会关系的全面发展。而人的本质是否丰富与全面，这取决于其社会关系是否丰富与全面。

如果人没有和社会以及他人之间建立起普遍的联系，那么就无法发展自身的才能，也就无法充分地体现出人的社会性质。人只有将自身的社会关系进行丰富和发展，才有可能实现人的全面发展。

2.人的全面发展是现代教育的共同追求

"和谐教育"是古希腊哲学家亚里士多德一直倡导的教学理念。夸美纽斯也在其名著《伟大的教学论》中提出了泛智教育的理想，主张所有人都应该接受完美的教育、获得多方面的发展，最终实现自身的和谐发展。作为自然主义教育思想的代表，法国启蒙思想家卢梭认为，教育的目的和本质是对人的自然本性进行促进，也就是实现人在自由、理性和善良上的全面发展。瑞士教育家佩斯特洛齐则主张，教育的宗旨应该是善意、理性、自由和所有人类潜在能力的和谐发展。

3.人的全面发展是21世纪社会发展的要求

在当今的 21 世纪，世界正朝着全方位的知识经济时代迈进，这是我们无法阻止的历史性转变。而在这个阶段，人才经济、头脑经济和智慧经济成为知识经济的本质。

在知识经济中有着越来越多的以知识、信息为基础的产业，并且这些产业在所有产业中占据着越来越大的比重，其生产过程逐渐变得"非物质化"和"智力化"，而在此时，人与物质和技术的关系逐渐将降低到次要地位，这就要求当今世界的人们必须要具备某种职业的实用技能和综合能力以及相对应的智力技能、社会技能和人际关系处理技能等。

随着科学技术的飞速发展，社会上将会陆续出现各种新的职业，而原有的职业将逐渐被淘汰，所以一个人多次变换工作或工作场所也成为很常见的事情。为了适应 21 世纪社会发展的要求，我们应该追求人的全面发展、注重素质和能力的培养，在教育中应用信息化教学模式的重要性，也便不言而喻了。

（二）建构主义学习理论

建构主义是当代学习理论的革命，是信息化教学模式建构的关键理论基础。

1.建构主义学习理论的基本要素

（1）要素框架

虽然建构主义学习理论的内涵十分庞杂，甚至还存在着许多分歧，但其中一些关键性的要素，还是获得了比较广泛的认同。从过去 20 年来教育学家、发展与认知心理学家、神经心理学家、学习和教学理论家、社会学家、人类学家和其他学术研究工作者在学习理论研究方面所取得的成就来看，情境、建构、专注、能力和共同体是建构主义学习理论中的关键性和共同性要素。我们根据这些要素，可以描述建构主义学习理论的要素框架，如图 2-3-1 所示。

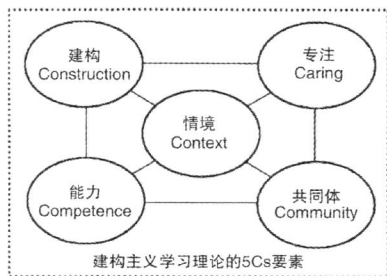

图 2-3-1　建构主义学习理论的要素框架

（2）要素释义

第一，情境（context）：我们应该意识到情境对学习活动以及学习效果的影响作用。高校要在力求学习任务与现实条件相匹配的条件下，实现更高层次的环境创造，帮助知识进行情境的转移，促进学生进行发现、探索、实践多种学习活动。

第二，建构（construction）：在实际建构与虚拟建构的支持下，能够实现心智的模式化，即顺应新经验的变化，重新构建心智模式，诸如搭积木这类实际建构和在计算机屏幕上绘画等虚拟空间的建构。建构在学习活动中具有至关重要的作用，其意义不容忽视，它不仅为学生顺利完成学习上的建构任务提供强有力的支持，还为学生将来能更好地在职业生涯中胜任工作提供了相应的方法指导。

第三，专注（caring）：在学习过程中，学生内在的动机有利于其更好地完成学习任务，甚至比外在动机的作用更加明显。研究表明，学习者如果能从内心真正关注自己的学习任务，激发内在的动机，那么其完成任务的效率就越高。在信息化时代，当学生面临一些较为困难、棘手的任务时，就需要发挥自身自立、自主和自我激发的能力，力求出色地完成任务。在这方面，高校通过项目的教学和问题求解的教学，为学习者的能力准备提供充分的训练、帮助和引导。

第四，能力（competence）：每个人的行为类型和爱好特长不同，因而会形成不同的智能结果。在学者们提出的多种智力理论中，都强调多样化的学习方法、多种学习风格以及多种理解表达方式相适应的状态，其重要作用不言而喻。因此多元智能的发展以及相互匹配对创造性地解决问题、不同小组的协作，以及对产品的时尚设计都起到了至关重要的作用，使其获得最大化的效益。

第五，共同体（community）：高校应注重学习共同体的作用。信息时代的学习或者工作，都需要同伴之间协作以及共同体的学习来应对面临的问题。通过小组之间的互动，同伴和指导教师的指导建议以及工具、条件等各种环境因素的影响，能够有效地促进学习者掌握相应的时代知识与需求的能力，更好地适应未来社会生活。由此可以看出，实践共同体对知识时代的学习和实现学习者自身终身学习产生了巨大影响和作用。

上述所阐述的建构主义的五个基本要素体现了当代学习理论研究的趋势，换言之，只要是包含这五个基本要素理念的学习理论都应被划为当代学习理论的范畴。研究者认为，当代学习理论研究发生了三个本质性的变化。

第一，学习是意义的制订过程，而不是知识的传递。意义制订，旨在解决"确实存在的知识"与"感知的或相信他人指导的"之间的不协调。因此意义的制订在一定程度上会造成个体的混乱、好奇、不安或者认知不协调等现象，然而，正是这种混乱、不协调现象的出现，标志着学习者知识物主身份的确立。

第二，越来越关注意义制订的社会本质。人与人之间依赖彼此的相互评价和反馈来体现自己的存在，人们通过相互交流、协商讨论来实现意义的制订。就学习而言，它不仅是内部的协商过程，同时也是社会的协商过程，因此学习的本质就是一个社会对话的过程。

第三，意义制订受共同体的影响。意义不仅受个体大脑思维控制，在个体参与话语和实践的共同体互动时，也会产生相应的意义。知识存在的文化与历史中体现着相应知识和认知活动，其以个体所使用的信息工具为介质，存在于人和社会的协商过程；同时人与人之间的话语、模仿以及各种方法中都传达着一定的知识信息，人的知识和个人信念在社会共同体的影响下逐渐形成同一性。

2.建构主义学习理论的基本内容

（1）皮亚杰的认知发展理论

皮亚杰是瑞士认知心理学家，他首先提出了建构主义，基于自身的个体认知发展观点，他提出了建构主义，并且发展了认识论。从个体发展阶段理论和个体认知发展理论的角度来看，皮亚杰认为，个体所获得的成功，主要是由于个体本身，是个体自发学习和主动发现的结果，而不是教师传授的原因。在与周围环境相互作用的过程中，个体将外部世界的知识逐步构建起来，从而发展自身认知结构（即图式）。认识的起因是不断地进行有效构建，在主体内部结构中，不能将其看作是预先决定的；知识不是主观的东西，也不是客观的东西，而是在与环境交互作用的过程中，个体逐渐构建的结果。

个体认知结构的发展涉及同化、顺应和平衡三个基本过程。

①同化

同化是外界刺激被个体整合到自己认知结构内的过程，也就是说外部环境中的有关信息被个体吸收进来，并且在个体已有的认知结构中与其进行结合的过程。个体认知在不断地发展，同化也经历了概括性同化、再认性同化和再现性同化三种形式。概括性同化，是基于个体知觉物体之间存在相似性这一特征，将其归于不同类别的能力；再认性同化是因为个体辨别物体之间存在差异，并借此做出不同反应的能力；再现性同化是对出现的某一刺激，个体做出相同的重复反应。

②顺应

顺应是指因为外界刺激的影响，个体的认知结构发生改变的过程，就是说因为外部环境发生了变化，在已有的认知结构无法和新信息同化时，个体认知结构由此发生改变的过程。没有单纯的同化，也没有纯粹的顺应，二者是相伴相随的。顺应是认知结构性质的变化（图式改变），同化是认知结构数量的扩充（图式扩充）。所以，同化与顺应之间对立统一过程的产物就是认知个体的发展。

③平衡

平衡是指通过自我调节机制，个体的认知发展从一个平衡状态过渡向另一个较高平衡状态的过程。认知个体（个体）要达到与周围环境的平衡状态，主要是通过同化与顺应这两种形式：当个体能够用现有图式对新刺激进行同化时，他的认知则处于一种平衡状态；当现有图式无法对新刺激进行同化时，那么这种平衡就会破坏，需要创造新图式或者修改新图式，而这个过程就是在寻找新的平衡。通过同化与顺应的过程，个体的认知结构逐步构建起来，并在"平衡—不平衡—新的平衡"的无限循环中不断地提高、丰富和发展。

（2）建构主义学习理论的基本观点

认知主义学习理论进一步发展之后，就形成了建构主义学习理论，这一理论对早期认知学习论中"建构心理结构"的思想进行了发展，强调了在学习过程中让学生主动构建知识的意义，以个人原有的心理结构、经验和信念作为基础，在更符合实际情况的情境性学习活动中，来理解新的知识和建构新的知识。

最近几年，建构主义的流派呈现出百家争鸣的局面，尽管各种建构主义观点的立足点有很多不同，但是它们也存在一些共识。

①学习是学习者主动建构内部心理表征的过程

建构主义认为，一成不变的"客观"事实并不存在。学习是通过自己的经验和背景知识学习，根据外在的信息进行自我建构知识的过程，而不是由教师向学生传递知识的过程。在这个过程中，学习者不仅要加工外部信息，还要让新知识和自己原有的经验背景关联起来，学习并不是学习者被动地刺激和吸收信息的过程，学习者要主动对信息进行建构。

②学习过程是一个双向建构的过程

建构主义认为，建构一方面是建构新信息的意义，通过对原有经验的利用，超越所提供的信息；另一方面，又包含改造重组原有经验。在学习过程中，每个学习者都有自己的经验系统，需要以此为基础，对新的信息进行编码，将自己的理解建构起来。因为新经验的进入，原有的知识又会发生改变和调整，所以学习不仅仅是信息的量的积累，它包含由于新旧经验冲突而引发的结构重组和观念转变，学习过程是新旧经验之间的双向的、相互作用的过程，而不是简单地输入信息以及存储、提取信息。

③学习具有社会性

建构主义认为，学习者有自身的经验、背景知识，将其作为基础，便能将知识或意义构建起来。由于每个人所处的社群不同，有着不同的文化背景，对于经验的积累不同，所以，对事物的理解也存在着个体差异。因此，知识或意义不仅是个人主动进行建构的结果，还需要进行深层的建构，而这就要依靠意义的社会协商和共享。人的社会属性和自然属性决定了他们必须进行交流，在社会的实际生活中，他们不可能孤立地学习和生活，彼此之间必须协作。通过对话沟通和协商，学习者能够感受到不同的观点，在碰撞和融合中，学习者能够看到多种观点的碰撞和融合，这样他们便能积极地进行自我反思，完善自己对知识的意义的建构。

④学习具有情境性

建构主义认为学习是在真实的学习任务中发生的。真实的学习任务不仅能够使学习者的主动性得到激发，而且这种客观活动也为个体构建知识提供了源泉。特定的学习情境会影响学习者建构和理解知识，在与自身经验背景的相互作用中，在与社会的交互作用中，个人的认知结构逐步形成并逐渐完善。

（3）建构主义学习理论的学习观

建构主义学习理论认为，教师的传授并不是知识的来源，知识是学习者在一定的社会文化背景下，利用一定的学习资料，借助教师或学习伙伴的帮助，通过意义构建的方式获得的。学习是在一定情境下，通过人际的活动，也就是通过他人的帮助而使意义建构得以实现的过程，所以我们一般认为，学习环境的四大要素，或者是说学习环境的四大属性是"情境""协作""会话""意义建构"。

①"情境"：学习环境中的情境对于学生所学内容的意义建构是大有裨益的。

②"协作"：在学习过程中，协作是始终发生的。在搜集分析学习资料、提出验证假设、评价学习成果，到最终建构意义的过程中，协作发挥着重要的作用。

③"会话"：协作过程中不可缺少的环节就是会话。学习小组成员之间制订学习任务的计划，必须要通过会话商讨；协作学习过程也可以当成是会话的过程，在这个过程中，整个学习群体都可以共享每个学习者的智慧，或者说是思维成果，所以，意义构建的重要手段就是会话。

④"意义建构"：整个学习过程，最终的目标就是进行意义建构。事物的规律、事物的性质和事物之间的内在联系，都包含在建构的意义当中。在学习过程中，教师帮助学生建构意义，就是要帮助学生深刻理解当前学习内容所反映的事

物的规律、性质以及事物之间的内在联系。

（4）建构主义学习理论的知识观

①知识并没有纯粹地反映客观现实，知识的任何一种符号系统都不是绝对真实的表征。它并不是问题的最终答案，它只是人们解释或假设的客观世界，但是随着人们认识程度的加深，肯定会出现新的假设和解释，因而知识会不断地进行变革、升华和改写。

②世界的法则并不能被知识准确无误地概括，知识也不能为任何问题和活动都提供解决方法。在解决具体问题的过程中，知识不可能一用就灵，因此，我们需要根据具体的情况，对原有的知识进行再创造和再加工。

③知识不可能以实体的形式在个体之外存在，尽管知识通过语言被赋予了一定的外在形式，并且人们对其普遍认同，但这并不是说学习者同样对知识有这种理解。基于自己的经验背景，学习者方能将真正的理解建构起来，在特定情况下，学习活动的过程决定了学习者是否会取得真正的理解。那种被动的复制式学习，使用死记硬背的方式不叫理解。

（5）建构主义学习理论的学生观

①建构主义强调，在进入学习前景的过程中，学习者并不是空着脑袋的，在日常生活中，他们已经有了相关的经验，并且通过各种形式的学习，他们已经掌握了相关的知识，他们对于所有的事物几乎都有自己的看法，哪怕是一些没有接触过的问题，甚至没有现成的经验来借鉴的问题。当真的出现问题时，他们仍旧会根据以往的经验，通过自己的认知能力解释问题，并提出自己的假设。

②教学不能忽视学习者已有的知识经验，不能简单强硬地从外部直接将知识"填灌"给学习者，学习者应该将原有的知识、经验作为新知识的生长点，学习者要在原有的知识经验中，使得新的知识经验生长出来。教学应当处理和转换知识，而不是传递知识。教师不是知识的权威象征，也不仅仅是知识的呈现者，教师应该倾听学生的想法和他们对于各种现象的理解，与此同时要思考他们为什么会产生这些想法，继而引导学生，使他们对自己的解释进行调整或丰富。

③教师与学生、学生与学生之间需要了解彼此的想法，面对一些问题，需要共同进行探索，并且在这个过程中相互交流。由于大家经验背景具有差异性，对于一个问题的理解和看法，师生之间、生生之间是千差万别的。其实，在学生的共同体中，这种差异本身就是一种资源，是一种非常宝贵的现象。建构主义虽然

对个体自身发展非常重视，但是也很重视教师的影响作用，也就是外部对学生的引导作用。

3.建构主义的知识、学习和教学隐喻

（1）建构主义的知识隐喻

第一，知识的建构性。在个体新旧经验的相互影响、相互渗透下完成认知主体的积极建构，知识也就此形成。由此，我们可以知道，知识是要个人主动地进行建构的，并不是被动地反映外部客观世界，也就是说，知识的意义是人对有关世界主动进行创造，而不是发现现实。而个体认知功能的适应性，能促进主体对这个无限复杂的世界的创造和组织。

第二，知识的社会性。知识受个体大脑控制的同时，也受社会共同体的影响，在个体与社会进行互动交流的过程中，将工具作为中介进行转化，使完整的发展实体得以形成，因此，建构主义对知识的社会本质进行了着重强调。

第三，知识的情境性。知识不仅是对个体内部的反映，同时也是个体与社会进行协商互动的产物，建构主义对学习的社会、历史和文化本质做了深刻研究与分析，强调认知与学习的互动特性与在实践中实现认知与学习。

第四，知识的复杂性。世界的高度复杂以及普遍联系性决定了知识的复杂性，它很难实现人与人之间的相互传递。认知者运用自身独特的建构方法，对在特定情境中经过求知过程产生的知识进行建构，形成自身独有的知识结构，这种求知过程可以是对真理的质疑、对知识的好奇与渴望等。知识的建构性、协商性、情景性以及结构的开放性和不良性都属于知识的主要存在特征。

第五，知识的沉默性／隐性。知识是由真实存在于个体内部和外部的显性知识和源于个体生活经验的隐性知识构成的。人们运用显性知识进行互动与交流，而隐性知识则弥漫于人的意识活动中，其对个体进行知识层次的融会贯通有着至关重要的作用。显性知识只是离散地分布于人的意识活动中，显性知识源于隐性知识的转化，隐性知识是显性知识的基础，两者互为前提，相互转化。由于隐性知识的重要性，因此建构主义更加强调要进行隐性知识的了解与学习，这与客观主义强调显性知识形成鲜明的对比。

综上所述，建构主义强调的是知识的建构性、社会性、情景性、复杂性以及沉默性，强调知识是一个不断认知、体验和建构的过程，因此如果我们要对知识这一词性进行准确表达，应该承认其动词的特性，而不应仅从名词的角度来看待它。

（2）建构主义的学习隐喻

建构主义学习理论强调的是知识的建构而非传授，是由个体与社会互动的产物，其核心在理解和意义制订方面，并不是针对知识本身进行研究。建构主义学习理论体现了当代学习理论研究的方向及其发展态势。根据建构主义对知识特性的描述，其对学习的概括有以下几个层次：

①学习是知识的建构。

②学习对知识的社会本质进行强调，是知识的社会协商。

③学习是交互和实践的产物，是活动，是概念和情境的变化。

④学习是一种深度描述，是在一定情景下质疑、建构、探索和协商知识的过程。

⑤学习必须要在真实的学习环境中进行，是潜移默化地使人和情境与隐性知识产生互动的过程。

⑥学习是分布式的。将总体的记忆分成各个部分存储于共同体的各个成员当中，这就是所说的分布式记忆。

⑦学习是对环境给养的感知。环境给学习提供一个物质前提，学习者在与环境作用相互感知的过程中实现学习。

⑧学习是混沌的。学习并不是在特定情况下才会发生的，它的出现具有一定的随机性。

（3）建构主义的教学隐喻

从建构主义的知识隐喻和学习隐喻中，可以总结出五大相关的教学隐喻：

①个人意义的学习环境的建构是在教学提供的认知工具和丰富资源的前提下，通过学习者与外部环境的交流互动实现的。

②建立有助于交流、协商的"学习共同体或学习者共同体"。

③主动为学生提供真实的学习情境，鼓励学生积极参与，让学生在实践过程中实现对所学知识的运用。

④在多维度的知识组成系统中进行知识学习，在掌握和运用知识的过程中要遵循知识的多元化特征。

⑤重视隐性知识的学习与扩展，创建符合隐性知识的学习环境，在人与人、人与社会环境的互动中发挥个体的自身经验所隐含的隐性知识的作用，潜移默化地进行知识的内化，并在不断的实践中积累相关社会经验，丰富个体的隐性知识。

总而言之，建构主义作为信息化教学模式建构的关键理论基础，在知识观、学习观和教学观上与客观主义截然不同。纵观历史，我们都是以学习理论为基础进行相关教学设计，因此，在对学习理论进行更新变革时，必定会引起教学设计理论与实践的同步变革。有关学者提出的对课程改革的看法表明，要想从根本上全面地改革现有的课程与教学模式，就应该在遵循素质教育的理念的基础上，借助信息技术进行教育理念的更新、完善相关基础设施，开发适用于个体的认知工具，同时适应时代对人的基本素养的要求。高校应以培养和发展人的基本素养来实现素质教育，整合不同的建构主义观点，吸取精华，以实现课程与教学模式的成功变革。

4.建构主义学习理论对信息化教学模式的指导意义

建构主义学习理论强调学习过程中各主体要素对学习者的作用，即通过构建学习环境，学习者利用学习资源寻求与合作者的对话，并从中习得特定的文化知识。学习者获取知识的过程，是教师这一主体与外在学习环境共同作用的过程，其中学习者的认知思维会影响其对教师与外在学习环境的判断。在完整的教学设计中，建构主义学习理论可从以下几点提供相应指导。

（1）情境创设

学习环境的创建，是学习者整个学习过程的前提和基础。从学习环境的稳定性方面分析，学习环境稳定与否，会影响学习者的学习心理，从而使其学习动力发生变化。此外，如果能够形成稳定的学习环境，那么学习者便能够从中探寻积极的学习方式，增强自身对学习知识的渴求或欲望，进而提高知识获取效率。一般来说，构建稳定的学习环境，除需教师的引导与支持外，技术条件同样不可或缺。这里所指的技术条件，就是多媒体设备资源。多媒体技术能够对多种教学素材加以整合，并以图文或音视频的形式呈现在学习者面前，从而加深其对知识迁移的把握与运用。针对学生展开教学设计，必须考虑外在技术条件对学生产生的影响，为学生创设积极的学习环境，引导学生主动从中发现问题、分析问题和解决问题。

（2）学生作为认知主体的体现

建构主义学习理论强调学生在学习过程中的主体性，作为学习过程的主体，学生的评价反馈就尤为重要。为此，教学设计程序开发，需要尊重学生的认知思维，提倡学生主动参与教学环节，将知识内容以互动的形式进行双向传播，增进知识内容传播的效率和意义。为实现这一目标，教学程序应该为学生与教师创设双向互动交流的渠道。

①自主学习的设计

教学程序应体现学生的学习自主性，在保证学习内容准确传播的基础上，可以考虑延伸自主学习方式的选择空间，同时要为学生提供评测自主学习成果的认知工具，通过建立层次分明的评测体系，使学生强化学习目标导向，完善针对学习过程的自我评价指标。

②协作学习的设计

从学生学习特点分析，学生与他人的合作交流，往往能够提高学习效率，拓宽学生的认知思维，增强学生对学习知识的理解力，并且有益于学生团队意识的形成。开展合作交流的方式主要分为两种，一是面对面的谈话交流，二是借助即时通信工具进行交流。因此，开发教学程序时，应该为学生设计具有合作交流性质的问题，引导学生主动利用人际关系和通信工具展开问题的讨论交流，提升解决问题的效率。

（3）教师作为主导作用的体现

教师是教学环节的重要角色。在建构主义学习理论中，就明确说明教师对学生学习过程的引导作用。教师不仅仅是知识内容的传播者、讲解者，更是帮助学生答疑解惑的引导者。为此，开发教学程序，应从三种途径增强教师的引导地位。

①设计教学策略帮助学生实现知识的意义建构

在知识传播过程中，知识内容本身蕴含的价值是学生学习注意力的关键。此外，教师对知识内容的梳理和讲解，也会对学生学习注意力产生影响。教师应该明确知识内容传播的动机，通过设计多种教学策略来强化知识内容传播效率。为此，教师需综合考虑学生学习特点，掌握学生学习心理，以个性化的教学策略引导学生主动参与学习过程。同时，教师在对知识内容梳理后，可积极寻求与学生的互动交流，发挥学生在学习过程中的主体地位，启发学生完成对知识内容的自主架构，掌握知识内容的中心要点。针对具体的教学程序展开设计，教师可以尝试罗列问题框架，通过层层设置问题，激发学生解决问题的思维意识，并帮助学生建构问题解决路径，更好地理解知识内容。

②引导和监控学习过程

在整个学习过程，教师对学生的监督和管理，可以保证学生的学习效率，进而增强学生对知识的理解与吸收。

当前，信息技术使远程教学成为可能，教师可利用网络教学平台实施远程在线管理，针对学生学习进度进行监督和指导。同时，针对学生在学习过程中产生的系列问题，教师可通过个性化的方式，解决学生的困惑。从此角度分析，信息技术为提高学习效率提供有益的指导，并增进教师与学声的双向互动关系。

③设计学习评价

在教学环节，为检验学生阶段性学习成果，教师可依据阶段性教学内容，设计不同层次的测评问题，要求学生在规定时间完成自我测试。在对学生测评结果建立评价反馈后，教师需适当调整教学策略，补充对应的知识内容，帮助学生进一步巩固对知识的理解。此外，教师还可以通过整合教学资源，提升学生对知识的综合使用能力。

（三）多元智能理论

1. 多元智能理论的产生

多元智能理论，最早可追溯至 20 世纪初期，当时的法国心理学家奈比通过智力测验来评价人类智力程度。随后，在 1916 年，德国心理学家施太伦提出"智商"这一概念，并为"智商"赋以实际的数值。20 世纪 30 年代中期，亚历山大成为首位提出"非智力因素"概念的学者，他将人的注意力和想象力、思维认知、观察理解、价值判断等排除在外，并将人的心理动机、心理情感和品格意志等视为非智力因素的重要组成部分，同时认为这些非智力因素也会影响人的智力发展趋向。

1967 年，美国哲学家戈尔曼参与主持"零点项目"，该实验研究在美国哈佛大学教育研究生院开展。当时，该实验主要是研究学校艺术教育对人脑形象思维认知的影响。后来，"零点项目"一直持续近 20 年，先后获得过亿美元的资金投入，许多业界的学者专家纷纷加入其中，他们将该实验推广至美国上百所学校中。甚至有些学者针对幼儿展开长达 20 余年的跟踪调查，并形成系列专著论文。可以说，在 20 世纪 80 年代，多元智能理论研究成果达到高峰。

其中，对多元智能理论贡献较大的学者中，哈佛大学加德纳教授应该占有一席之地。他在参与"零点项目"的过程中，从新的角度探寻影响智力发展的因素，通过对天赋异禀的孩童的研究和对正常孩童的研究，通过对不同领域卓有成就的个体的研究，通过对有智力缺陷的孩童的研究，在大量研究分析的基础上，系统整理出较为充实的论证资料，并提出对智力研究的理论观点。在得到大量研究和证实后，结合自身所得到的研究理论成果，他在 1983 年出版了《智力的结构》一书，在这本书中，他将多元智能理论结构作为重点讲述内容，提出和特定认知领域或知识范围相联系的八种智力，由此丰富了多元智能理论的内容。

2.多元智能理论对教育改革的意义

（1）多元智能理论有助于形成正确的智力观

教育改革首先应尊重学生智力差异，通过多种教育方式或手段培养学生对学科领域范畴的认知，使教育更加公平，更加具有意义。

（2）多元智能理论有助于转变我们的教学观

传统的教学观念较为重视机械式记忆的作用，并将单向性的知识传授作为主要教育方法。这种教学观念难以满足学生多元化的学习需求，并带有一定的偏见。在多元智能理论的指导下，教师应该转变传统的、不合时宜的教学观念，以发散学生的认知思维为目标，采取多类型的教育方式或方法，激发学生对知识的理解力或感知力，增进学生知识学习效率。

（3）多元智能理论有助于形成正确的评价观

传统的智力测评以考试成绩为主，通过设置标准化的试卷结构和问题模型，检查学生对所学知识的理解能力和运用能力，导致学生陷入机械式记忆的框架中，大量、重复性地刷题，反而会限制学生思维空间的多元拓展，致使学生降低创新意识的养成效率。多元智能理论对传统的智力测评提出相应批评，并指出其弊端或局限性。在多元智能理论指导下，教师应该转变评价观念，从多种角度建立智力测评体系，将学校评价指标和社会评价指标、家庭评价指标相结合，注重对学生各方面能力的培养。

（4）多元智能理论有助于转变我们的学生观

多元智能理论指出人的智力结构存在独特性，每个人都会形成特定的学习方法。在多元智能理论的指导下，教师应该采取个性化的教学策略，尊重学生主体间的学习差异性，按照学生身心发展特点和学习特点组织相应的教学内容。同时，教师应积极挖掘学生的独特之处，通过鼓励支持等方法，将学生的优势最大化地激发出来。

（5）多元智能理论有助于形成正确的发展观

加德纳针对学校教育宗旨发表了个人看法。在系统分析加德纳关于多元智能理论的观点后，各类型的学校应该注重培养学生的个人兴趣爱好，加强对学生职业教育观念的输送，使学生能够在职业兴趣观的引导下，发展学习思维。

因此，我们要大力推行信息化教育模式，转变思想观念，激发学生学习兴趣，实现学生智力结构完善与智能全面发展。

（四）行为学习理论

行为学习理论是由行为学派提出的一种学科观点。该学派将人的心理认知视为一种特定行为，在环境因素的干扰下，人自身会随之产生系列行为反应。行为学习理论同样适用于教育领域，在该理论的指导下，学生会在包括课堂在内的环境中学习一系列行为，并根据已有的环境特点和行为做出特定反应。因此，教师要从改变环境这一思路出发，培养学生正确的行为。具体而言，教师首先应该创设特定环境，保证学生能够在此环境中有所收获，并得到行为强化。此外，根据行为学习理论，学生已有的行为不会与新学习的行为发生冲突，这是一个渐进性的学习过程，学生会不断强化新行为直到这种新学习的行为成为一种自然状态。

20世纪30年代，新行为主义理论诞生，该理论的主要代表人物是托尔曼。他在研究行为学习理论的基础上，对行为学习理论进行了指正。根据托尔曼的观点，个人在受到环境刺激后形成的行为反应过程中，存在特定的中间变量，这个中间变量就是人在受到环境刺激时产生的心理和生理状态，这种状态最终会决定人表现出何种行为状态。而人的心理状态又会受动机需求的影响，生理状态又会受能力需求的影响。

此外，新行为主义学派内部同样持有不同观点，其中激进的行为主义学派人物代表是斯金纳。根据斯金纳的观点，"强化"会刺激个体行为反应的延续性，反映在学习中，即个体学习行为应该被得到强化，这样才能提高学习效率。具体而言，要想强化个体学习行为，就应该引入积极因素或屏蔽消极因素，这样可以使学习者处在相对积极的学习环境中，从而减缓负面反应的发生，最终使学习行为成为一种习惯。

目前，行为主义学习理论成为指导教育教学工作的有效理论。在程序教学中，行为主义学习理论成为推动其改革的有益指导，这使程序教学在全球具有广泛的影响力，并且对美国以外的国家或地区教学改革带来相应的示范指导。所谓程序教学，是指在技术层面的指导下，统一编排教材内容，指导学生自主学习。程序教学将教学内容单元化、结构化，突出教学逻辑层次，学生可以根据单元教学内容，自主总结学习方式方法，并且通过设定框架结构，完成对后续学习目标的调整，将学习过程细分，逐步完成总体学习任务。

行为主义学习理论主要观点有三方面。第一，行为主义学习理论将学习视为刺激与反应的中介物，强调学习会影响个体对接受环境刺激的行为反应。第二，行为主义学习理论将学习过程细分，强调每个阶段性的学习过程都会对整体学习结果产生关键影响，所以学习个体应该重视阶段性学习过程。第三，行为主义学习理论强调"强化"在学习行为中的主导作用，教师必须通过给予强化，刺激学生学习行为的生成和延续，帮助学生构建积极的学习心理，使其形成正确的、持续的学习行为。

基于该理论，教师应充分利用信息化教学模式，对学习环境进行创设，助推学生各方面稳步提升。

（五）认知学习理论

认知学习理论和行为主义学习理论正好是相对的，这一学习理论是由格式塔学派提出的。认知学习理论在 20 世纪 50 年代中期之后得到了很大程度的发展，一批认知心理学家，如布鲁纳、奥苏贝尔等针对这项心理理论进行大量创造性的研究，使这项心理学研究进入了一个鼎盛发展的时期。认知主义学习理论认为，学习的本质是对客观事物之间的关系上的认识，关系建立的基础就是刺激。学习就是将知识重新组织起来，使已经学习获得的知识之间形成一定的结构，这个结构和学习对象本身的内在结构是相互作用的，学习者要学会这个作用的过程，学习的本质就在于此。总结而言就是学习是面对当前的问题情境，先在内心将问题情境进行组织，继而形成和发展认知结构的过程，意识是刺激反应之间的联系中介，认知的过程具有十分重要的作用。因此，认知主义在学习理论的研究中占据主导地位。

认知主义学习理论本身有很多细分流派和学说，比较有代表性的人物和学说包括：克勒的顿悟说、托尔曼的认知－目的论、皮亚杰的认知结构理论、布鲁纳的认知发现说、奥苏贝尔的认知同化论、加涅的学习条件论等。

教学论从认知学习主义理论中获得了理论依据，让教育心理学的内容更加丰富起来。认知主义心理学的主要贡献有：（1）重视人在学习活动中的主体价值，认为学习者的自觉能动性具有很重要的作用。（2）认为认知、意义理解和独立思考等意识活动在学习中具有很重要的地位和作用。（3）强调人在学习活动中的准备状态。人们学习的效果取决于多方面的影响，除了外部的刺激和本身的主观上的努力之外，个体已经拥有的知识水平、认知结构和一些非认知方面的因素都会影响个体学习的效果。因此，任何有意义的学习产生的前提就是学习的准备。（4）重视强化功能。认知学习理论认为，人在学习的过程是一种积极主动的过程，因此学习的内在动机十分关键，认知主义学习理论十分重视内在动机和学习本身带来的内在强化作用。（5）强调人的学习创造性。认知主义学习理论中的代表人物布鲁纳提出的发现学习论认为学生在学习过程中的灵活性、主动性和发现性十分重要。发现学习论要求学生积极观察和探索，并且勇于付诸实践，发扬创造精神，学会独立思考；要求学生学会自己发现知识，改组材料，掌握知识的原理和原则，用一种探究式的学习方法来学习。认知学习主义理论认为发现学习可以帮助学生将自己的智慧潜力开发出来，激发良好的学习动机，将知识牢固掌握，形成创新的本领。

认知主义学习理论的基本观点是：（1）学习并不是刺激和反应的直接联结，学习是对知识的重新组织。认知结构通过学习来进行组织，或者再组织，这里有一个学习的公式是：S-AT-R。其中，A代表同化，T代表主体的认知结构，S代表客体刺激，客体刺激只有被主体同化于认知结构之中，才能引起对刺激的行为反应R，也就是真正发生学习。（2）学习的过程并不是渐进的过程，也不是依靠尝试以及不断出现错误然后再更正的过程。学习强调突然的领悟和理解，也就是我们所说的顿悟，依靠不断的试错是不能真正实现学习的效果的。（3）学习是信息加工的过程。人脑的功能和精密程度好比计算机，在学习的过程中也应该建立计算机模型，用计算机程序解释和理解学习行为。（4）学习并不能依靠盲目的尝试，要依靠智力和理解。人们认识一个新的事物时，首先应该认识事物的整体，如果整体的理解有误，那么学习的过程就会容易走偏。（5）学习并不一定要依靠外在的强化，没有外在强化也会出现学习。认知主义学习理论重视智能的培养，对内心的心理机制进行研究。

认知学习理论当然也有一定的缺陷和不足，主要在于没有揭示学习过程的心理结构。一般来说学习心理是由两部分组成——智力因素和非智力因素。智力因素是学习过程的心理基础，能够直接对学习起作用；非智力因素是学习过程的心理条件，不能直接对学习起作用，只能间接起作用。如果想要使得学习达到预期和目的，就要将智力因素和非智力因素结合起来。而认知学习理论对非智力因素的研究其实是缺乏的。

基于该理论，教师要积极运用信息化教学模式，激发学生学习主动性，鼓励学生利用网络自主探索与学习，形成创新力，开发智慧潜力。

（六）人本学习理论

20世纪五六十年代，人本主义心理学开始在美国流行起来，这种理论的代表人物和学说主要有两个，分别是马斯洛"情意教学过程论"和罗杰斯"以学生为中心的教学模式论"。人本主义学习理论的基本观点是：（1）重视人的价值，认为人的意识具有主观性、选择性和意愿;(2)学习是人的自我实现,学习的过程帮助人们逐渐形成人性;(3)学习的主体是学习者,因此我们要尊重学习者,任何正常的学习者都可以做到自己教育自己;(4)人际关系在学习中十分关键,是有效学习的重要条件,人际关系可以在学和教的过程中创造"接受"的气氛。

1.自然人性论

自然人性论是人本主义学习理论的基础。研究者认为,人属于自然实体,并不属于社会实体。人性的来源是自然,自然人性就是人的本性。所有的有机体都具有一定的内在倾向,有机体能够以有助于维持和增强机体的方式将自我的潜能开发出来;自然人性论认为人的潜在能量可以决定人的基本需要。但是,这一理论中所提出的自然人性和动物的自然属性是不同的。人的一些需要和动物的本能是不同的,这一部分需要可以称为似本能,人类的似本能包括生理的、安全的、尊重的、归属的、自我实现的需要,这些需要是天赋的基本需要。基于自然人性论的观点,人本主义心理学进一步阐释了人性的本质,认为似本能的需要就是人性,人性是善良的也可以是中性的。人性的恶并不是固有的,人的基本需要受挫才引起人性的恶,恶的形式也受到周边不良文化环境的影响。

2.自我实现人格论

人本主义心理学家认为,人的成长过程是个体自我实现的过程,个体自我实现的需要不断更新才不断推动人的成长。自我实现的需要促进人格形成并推动其发展以及不断成熟。什么是自我实现的需要?人对自我发挥和完成的欲望就是自我实现的需要,其本质就是能促使人的潜力得以实现的倾向。更加通俗地讲,一个人能够成为什么,他就必须成为什么,这就是自我实现的需要,人们必须忠于自己的本性。有机体的潜能不断实现、增强等就是因为人有自我实现的需要。这也可以被看成是人性的自我压力,压力的不断形成也就促成了人格的形成,人格发展的关键在于形成和发展正确的自我概念。自我的正常发展有两个必须具备的基本条件:无条件的尊重和自尊。无条件的尊重是最基础的,有了无条件的尊重才能产生自尊,当他人对自己予以尊重,自己才有了自尊。如果自我成长发展的条件都能得到满足,既能得到他人的尊重,也可以做到自尊,个体就可以根据真实的自我进行行动,实现自我的潜能,在心理上也能良好发展,成为自我实现者。人本主义心理学家认为,自我实现者对待经验的态度更加开放,他们的自我概念和整个经验结构是和谐统一的,自我实现者可以体验到一种无条件的自尊,并且和他人经常处于和谐的相处状态。

3.知情统一的教学目标观

人本主义心理学家认为，人的潜能不依靠教育的作用，而是自我实现的，因此，在关于环境与教育的作用问题上，人本主义心理学家认为一个弱的本能需要靠慈善的文化来孕育并协助其发展，让人的潜能尽快出现，从而满足自己，但是外部的环境和作用只属于外界的影响，文化、环境和教育只能被当作阳光、食物和水，不能代替潜能本身，人性的种子是自我潜能。人本主义心理学认为教育的作用在于提供一个良好的心理环境，这些安全、自由的环境使人的固有的优秀的潜能得到实现。基于这种思想，20世纪60年代罗杰斯提出了"自由学习"和"学生中心"的学习与教学观。

人类精神世界中有两个不可分割的有机组成部分：情感和认知。情感和认知彼此融为一体。罗杰斯的教育理想是将人的躯体、心智、情感、精神、心力融为一体，这个被培养出的人既可以用情感的方式，也可以用认知的方式来行事，成为一个知情合一的人，罗杰斯将这种人称为"完人"或"功能完善者"。当然，无论是"完人"还是"功能完善者"并不具有现实性，是人的一种理想化的模式，因此还应该有一个现实的教育目标，那就是促进变化和学习，培养出既可以适应各种变化，也知道如何学习的人。只有这种人才能认识到知识并不是永远可靠的，只有寻求知识的过程才是可靠的，这种不断需求知识的人才是真正有教养的人。教育目标在现代社会中确立的唯一依据就是变化，这种变化的基础是过程，并不是那些死知识。由此可以看出，人本主义更加重视教学的过程，而不是教学的内容；更加重视教学的方法，而不是教学的结果。

4.有意义的自由学习观

罗杰斯认为有意义的学习有四个特征：（1）全神贯注：人的整个认知和情感都要完全投入学习中。（2）自动自发：人们出于自己的愿望主动进行探索和发现，主动进行学习。（3）全面发展：学习者的行为、态度、人格等各方面都能得到全面发展。（4）自我评估：学习个体自己对自己的需求和目标进行评估，看是否达到目标。有意义的学习结合了逻辑和直觉、理智和情感、概念和经验、观念和意义。如果上述的基本特征都能被做到，我们就会发展成为统整的人。

5.学生中心的教学观

人本主义的教学观是在人本主义的学习观基础上形成的。从人本主义学习观来看，能够教给他人的知识其实都是无用的；知识如果能够影响个体的行为，那这个知识只能是个体经过自己发现并且同化的。教学的结果如果不是毫无疑义的，就有可能是有害的。教师的任务是为学生提供学习的资源和环境，提升学习的氛围感，让学生自己确定学习的方法和过程，而不是为学生教授知识，也不是为学生传授学习的方法。基于这一点，罗杰斯对传统的教育是持反对态度的，并且猛烈抨击了这种教学。传统的教学中，教师作为知识的拥有者对学生的学习有支配的权力，教师的地位高于学生，学生只能服从。所以，罗杰斯主张废除"教师"这一角色，代之以"学习的促进者"。而在高校教育中采用信息化教学模式，正能转化教师角色，帮助学生自主学习，尊重学生意愿，充分发挥学生在学习中的作用价值。

三、技术支柱

技术，是指在解决实际问题或完成现实任务中系统地运用科学和其他有组织的知识，它包括物化技术和智能技术两个部分。

（一）技术的作用

（1）技术是人们适应时代生存与发展需求的必备素养。技术融入教育系统有助于学习者适应以技术为基础的、充满变化的时代。技术不仅是人们必备的素养，而且是促进学习者高阶能力发展的有效途径。

（2）技术有利于引发和支持教育变革。一方面，信息技术的应用引发了教育改革（顺应改革）；另一方面，利用信息技术有助于支持教育改革（谋求改革）。

（3）技术有益于促进学习者的有效学习。恰当地运用技术对学习起着十分重要的作用，不仅能激发学生学习的自主性，同时延长了学生有效的学习时间，让学生在自己兴趣的驱动下进行自主的知识构建，相应的效率就会大大提高。学生借助相关的技术，对学习资源进行整合利用，有助于培养自身的合作精神，在合作学习中提升自身的创新和思维能力。技术有助于引导学生在学习中进行自我反思与评价，使其及时地调整学习方法，提高自身解决问题的能力。

（4）技术有助于培植、创设和维护新型的学习生态环境。技术在学习中扮演着不同的角色，可以作为媒体，向学生传递多样化的知识信息；可以作为学习过程中的监控工具，起到规划设计、监督与评价的作用；也可被用于信息的加工处理，对多样化的信息资料进行整合分析，便于学习者的理解和内化，并通过创新重组形成新的知识信息；还可以作为学习者之间交往互动的工具。

由此可以看出，技术拥有多重身份，其不仅作为一种目的，同时也是一种工具，然而技术在学习中起到的只是理论假设的作用，其实际的成效还要结合正确的技术应用观来实现。

（二）技术作为学习工具的概述

学习工具，是指有益于学习者查找、获取和处理信息，交流协作，建构知识，以具体的方法组织并表述理解和评价学习效果的中介。从古至今，学习工具的类型多种多样，但是在信息化时代，信息技术作为一种学习工具，在教学模式的建构与实践中起着至关重要的作用。

信息技术作为学习工具有不同的种类、定义、功能和内涵，如表 2-3-1 所示。

表 2-3-1　信息技术作为学习工具

工具	定义	功能	内容与实例
效能工具	提高学习／工作效率的工具	提高效率	文字处理软件、作图工具、数据处理工具、桌面出版系统、计算机辅助设计软件等，如复制／粘贴功能可以让学习者节省处理信息的时间
信息工具	获取信息资源的工具	查找资源	各种搜索引擎、搜索工具和搜索策略、方法，如运用网络工具查找数字化资源
情境工具	用于创设丰富的、情境化的问题空间，引导学习者进行问题探究、建构知识的工具	呈现问题或学习任务，提供范例等	基于案例的学习、基于问题／项目的学习、微世界（microworld）等教／学活动方式，让学习者在情景模拟／游戏化的情境中学习
交流工具	支持师生之间／学生之间交流、协商、对话的工具	交流观点	利用异步交流工具（如 E-mail，Listserv，BBS）方便地实现思想交流；利用同步交流工具（如视频会议、网络聊天）进行即时问答或头脑风暴
认知工具	发展批判性思维、创造性思维和综合思维能力的软件系统	提供认知支持，促进学习者认知／思维过程发展	数据库、电子报表、语义网络工具、专家系统、计算机化通信等，如概念图能让学习者个性化地组织信息；心智模式表达工具能帮助学习者将各领域的知识联系起来，或者进行跨领域思考问题；模板和程序应用有助于学习者以自己独特的形式表现知识
评价工具	记录学习者学习过程、方式和结果，支持反思、经验总结，监控学习进程或策略的工具	记录／评价学习过程，促进学习者反思	电子绩效评估系统（EPSS）、电子学档（E-Learning Portfolio，ELP）等

信息技术作为学习的工具，在信息化教学模式建构与实践中扮演的是中介的角色，使学生能够借助技术进行学习。在信息化教学设计与应用中，我们应该充分发挥个体与技术相应的认知功能，结合两者的功能优势进行设计变革，主要体现在以下方面。

（1）充分发挥信息技术作为各种学习工具和促进学习者学习的作用。

（2）面对复杂性任务且学生不具备解决问题的能力时，教师就需要在教学设计时考虑到这方面因素，运用认知工具开展恰当的思维活动，拓展学习者的能力，以提供给学生相应的绩效支持，帮助学生解决问题。认知工具种类繁多，在学习与教学过程中融入相应的认知工具，可以为学生提供技术支持，方便学生认识和了解问题的本质，如在研究过程中融入心智模式工具，就可以实现学生思维过程的实时体现。

（3）为学习者提供系列计算机介质通信（CMC）的方式，帮助学生实现信息的传递与共享，方便学生之间的交流与合作。学习并不只是一种独立的活动，还要注重群体之间的协同合作，学生可以运用CMC系列工具提供的交流平台，在全区甚至全世界共享工作室空间，实现社会性交流的知识共享，在创建的学生协作交流圈中进行信息和知识建构的共享，并通过共同讨论分析总结出最佳答案。因此，学习者可以恰当地运用CMC技术，对同一个问题进行深入的研究探索，进而完美地解决问题。

第四节　信息化教学模式的新探索

现代教育技术下的新型大学教学模式理论框架将计算机技术、多环境理论、多媒体、多模态、建构主义教学理念以及生态化课程理念等多种理念整合起来。其主要特征是教学结构的改变和教学环境的创设。在实际操作中，将模态转化学习和多模态体验作为着力点。相比之前的单纯以计算机辅助学习理论和建构主义理论为基础构建出的理论框架，该模式的框架更加系统、细致，对实际教学模式的设计更具指导意义。

一、新型大学教学模式理论框架的成分

（一）多模态、多媒体、多环境理论

1.多模态

简单来说，模态就是人与外部环境的互动方式，而这种互动是由人的感官来实现的。这些感官包含了味觉、触觉、嗅觉、听觉以及视觉。另外，医学界新近

发现了人的感官还包括距离感和平衡感。而多模态，指的是在人与环境的互动中，调动了三种或三种以上的感官进行参与。人类接受来自不同感官的信息，然后将这些信息整合成了整体的体验。因此，参与的感官越多，也就是模态越多，获得的体验和信息就会越丰富立体。丰富的体验和多样化的模态，对学生的学习大有裨益。通过模态的转换，可以帮助学生将所学的内容更快、更深入地内化为自身的知识体系，且能使记忆更加持久。

2.多媒体

多媒体也就是多种媒介。媒介分为逻辑媒介和物理媒介，而这里的媒介，特指逻辑媒介。物理媒介是指承载内容的物理介质，包括纸张、光盘和磁带等。而逻辑媒介是指为承载内容而使用的编码手段，包括文字、图像、数字音频流、模拟音频流和视频流等。当三种或三种以上的逻辑媒介同时被使用于同一内容时，这一内容即成为多媒体材料。因此，印在纸上的文字，录在磁带上的声音都是单媒体材料，而同时具有视频流、音频流、图片和文字的光盘，虽然在物理媒介上是单一的，但是从逻辑媒介上来说，其包含了多种编码手段，所以是典型的多媒体材料。多媒体学习常常和多模态学习交织，这是由于相比于单媒体材料，多媒体的内容毫无疑问地可以向人们提供多媒态的信息。

3.多环境

学习环境为学生提供框定和机遇。学习环境有多种类型，而学习行为的发生，常常处于多环境的混合状态。多种环境因素为学生学习提供了多种框定和机遇，并较大地影响学习的效果。

在高校教学中，应当使学习环境更加有利于学习中的模态转化，有利于活动体验的丰富。在考虑环境因素时，可以采用多环境下的学习集成型模式，将各种环境因素纳入学习环境构建的范围。

（二）计算机技术与大学课程的生态化整合理念

经由计算机技术和大学课程的生态化整合，使用计算机进行教学已成为教学中必不可少的方式。在2000年的美国教育技术CEO论坛上，人们提出了整合计算机技术与各个学科的课程能够创设出数字化的学习环境这一理念，而整合区别于辅助之处，正在于对这一生动的学习环境的创设。因此，计算机技术与课程的生态化整合是通过将信息技术融合于学科的课程教学中来实现的，目标在于营造数字化的教学环境。这样可以将学生在学习中的主体地位与教师所发挥的主导作用有机地结合起来，在教学方式上以"自主、个性、探究、合作"为宗旨，充分调动和发挥学生的创造性、积极性和主动性，促使以教师为课堂教学中心的教学结构向"主体导向"的新型教学结构转变。因此，整合的内涵可概括为3条：第一，营造信息化教学环境；第二，实现新型教与学的方式；第三，变革传统教学结构。

（三）基于建构主义的教学理念

传统的教学理念认为，知识是客观世界的表征，是抽象的、非情景化的、稳定的和客观的。其存在于学习者自身之外，而教学的过程就是知识的传递。在这种理念下，教学活动重视对理论知识的系统掌握，而轻视对操作能力和实践能力的培养。其不仅对知识缺乏深入的理解，也难以在实践中得到运用。这种教学模式将教师作为知识的化身，而学生则成为被动的知识接受者。因此在教学方法上，通常使用注入式的方式。教学的方法和组织形式较为单一，学习过程相对机械化，而高校对于所有学生的培养方式也缺乏个性，以统一的模式面对不同的学生。

而基于建构主义的教学理论与传统理念完全不同。前文中已经阐述过，建构主义是由杜威、维柯、皮亚杰、维果斯基等哲学家提出和发展的。它将知识作为"动词"而非"名词"，也就是将知识作为认知、构建和体验的过程而不是客观的外部世界的表征。知识是由个人创造的，依赖于人的亲身经历和对意义的构造，学习的过程不在于知识的传递，而在于知识的构建，这是一个对知识进行探求、协商和质疑的过程。而教学活动的关键则在于创设一个有利于构建意义的学习环境，以及一个便于进行交流讨论的学习共同体。建构主义教学理论并不重理论而轻实践，它既着眼于高阶知识的活动，也致力于对实践能力的培养。在这种教学模式下的师生关系，是共同作为教学主体进行交流和对话的。对于技术手段在教学中的应用问题，建构主义理念认为，信息技术可以被作为学习的有效工具。它改变了单调的以教师授课为主的课堂形式，不仅仅是在"做中学""讲中学"，更在"探中学""做中学""评中学"以及"例中学"。这种方式使得学习的体验、方式、时空和资源更加丰富，因此使得教学活动有更好的效果。

二、新型大学教学模式理论框架的核心

生态化整合理论和多模态、多媒体、多环境理论，都是以建构主义的知识观作为理论基础的。在现代化技术高速发展的背景下，这两种理论都对建构主义的理念进行了细化。除此之外，多模态、多媒体、多环境理论也与生态化整合理论

相互作用。多模态、多媒体、多环境理论中的模态转化的假说，为信息化的教学和计算机在教学中的应用提供了一个可以深入发展的方向。而生态化整合理论对于计算机技术的应用，能够有效增加多模态、多媒体、多环境的学习方式所占有的比例。

这一框架不仅具有哲学的理论基础，也具有假说的支持；不仅更加系统、细致，而且也与当今时代计算机和网络技术在教育中越来越广地运用的实际情况相联系，对实际教学模式的设计更具指导意义。当然，这项研究还需要更多的实践经验来进行验证，并在教学实践中不断发展与完善。

通过对以上三种教学理念的探究可以发现，三者互为补充，互为依托，但又围绕着两样共同的核心，即创设学习环境和转变教学结构。

（一）学习环境的创设

多模态、多媒体、多环境理论强调对学习环境的创设，使环境更有利于进行模态的转化和提供多模态的丰富体验。计算机技术和大学课程生态化整合理念要求创设数字化的学习环境，而建构主义的教学理念认为良好的学习环境要有利于意义构建和交流讨论。三种理论对环境的要求是相容的，可以通过彼此实现。

首先，在教学实践中，多媒体学习有助于多模态学习的实现，而多媒体学习又是以数字化环境的创设为必要条件的。

其次，与计算学理论构成的理论框架相比，这一理论框架更加细致而具有系统性，所以在此基础上建构的教学模式也更容易操作。该框架同时具有完整的理论层级，在基础层面上，它具有哲学方面的立场，在可证伪层面，它具有模态转换学习假说的支撑。模态作为一个变量，与"计算机辅助""互动"或者"自主"这样的模糊变量不同，人们更容易对其进行测量、分离和控制，因此也就更容易使其实现，更容易通过教学实践对其进行验证。

数字化环境构成了多模态学习的条件。数字化环境利用计算机和网络技术，对视频和音频资源进行收集、存储、整合、处理、应用以及传输，这样就自然地导向了多模态学习。除此之外，由于建构主义认为知识是一种社会建构，是个人经验与他人进行协商后得出的一致性结果，通过人之间的互动而构建。所以，能够加强师生之间与生生之间的互动和交流，构建出数字化的学习环境的计算机和网络技术，对于意义以及知识的构建有显著的作用。

（二）教学结构的转变

在传统的教学模式中，教师是主动的知识传递者，而学生则是被动的知识接受者。但是在建构主义的教学模式中，教师和学生同样作为教学主体。在计算机技术和大学课程生态化整合理念的教学模式中，教师起主导作用，学生则是教学主体。而在多模态、多媒体、多环境的教学模式中，学生也是主体，教师则是创设环境从而为提供学生提供丰富的体验的引导者。这三种理念，都使学生在教学中获得了主体地位。除此之外，多模态、多媒体、多环境理论和生态化整合理念一样，都十分重视计算机和网络技术在教学中所起到的作用。

第三章　信息化背景下高校教学模式创新的基础

本章主要介绍信息化背景下高校教学模式创新的基础，主要从三个方面展开论述，依次是信息化背景下高校教学媒体创新、信息化背景下高校教学资源利用、信息化背景下多媒体教学技巧。

第一节　信息化背景下高校教学媒体创新

一、教学媒体对高校课堂教学影响

教学媒体在人类社会发展的过程中，经历了一个漫长的教育和文化传承的过程。在长期的工作和社会生活中，人们逐渐创造出了语言，并将其作为人类社会沟通和交流的主要手段。信息技术的快速发展和个人电脑、移动终端的普及密切相关，催生了一些现代的、技术性的学习方式，如信息技术媒体的教学手段、多媒体的广泛使用等，这些都使我们迎来了一个更具有包容性和互动性的时代。

（一）教学媒体在教学中的作用

从客观条件上分析，媒体在教学中的使用和发展是学习技术逐渐进步的结果，但从主观条件上看，它是课堂中教学信息的扩大和对多样化表达形式的需求反映。信息化和网络化媒体等形式所具备的特征正是传统的教学中缺乏的，新的特征可以使原有的、单调的教学方法变得更加生动形象，可以提高学生的接受能力，帮助教师传递更大容量的信息、提高信息传递的效率。一般来说，教学媒体在教学中的作用主要体现在以下几个方面。

1.增大信息容量，提高教学效率

教学媒体能够使知识获得可储存性和可复制性的特点，节约了教师在重复的劳动上花费的时间，也提高了教师在课堂展示准备活动中的效率，保证了信息传递的高效率，同时促进了师生之间的互动和交流，帮助教师更加便捷地了解学生的学习情况，及时评估学习的效果。

2.丰富信息类型，加深学生理解

利用投影仪、幻灯片、电影和电视等多种教学媒体的方式，有助于在教学活动中更加直观地表现出教学信息的目标场景，以及与事物有关的信息，有助于更加生动地演示出事物的变化过程。如此，教师可以更清楚地揭示事物的本质及其内部联系，帮助学生加深对所学知识的理解，提高学生分析和解决问题的能力。

3.拓展传播渠道，扩大受众规模

现代媒体可以通过不同的传播方式和渠道让信息传播到更大的圈层，同时，基于标准化的要求和消除不同地域水平差异的目的，信息可以通过互联网等媒介更广泛地传播，远程教学就是一个最有代表性的例子。

4.提高存储能力，增强使用灵活性

现代的教学媒体打破了传统课堂上教学服务交流的限制，即时间和空间上的限制，新的教学媒体允许教学服务的生产和消费分离。数字媒体可以被压缩，并以不同的方式存储起来，从而更好地满足不同群体的需求，易于携带和传输，方便学生随时随地进行学习活动。媒体的便利性和灵活性使其可以应用于广泛的教育领域中方便学生，包括非正规教育和职业培训等。它大大扩展了学生的学习空间，实现教学时间和空间利用的最大化。

（二）高等学校课堂教学及特点

教学的最终效果会受到教学媒体的一定影响，因而高校对高校中课堂教学的特殊性有一定的了解。高等学校中最重要的学习形式是课堂的教学，课堂的教学是直接的、群体性的、面对面的，这些都是其他教学的形式不具备的特点，这就是为什么直到今天课堂的教学仍然是高等教育中的主要学习形式。高等学校中课堂教学的主要特点有以下几个方面。

1.教学内容具有一定前沿性

高等学校存在的目的是为学生提供知识和信息、分析和批判现有的知识，这些内容必须提炼自最新的研究成果，以使学生能够跟上时代的变化，了解更多知识内容的最新发展，进一步开展研究和学习活动，提高他们学习的兴趣，激发他们对专业领域的思考，培养其创新和研究的探索精神。

2.教学对象有较强的自主性

高等学校教学的目的是培养具有强烈自我意识和较高辨别能力的大学生，培养具有一定自信心的社会青年成员，所以高等教育必须培养学生独立自主的学习能力。在教学的过程中教师要学会使用正确的教学方法，帮助大学生养成良好的思维和独立思考的习惯。

3.教学方法注重实践操作性

如今的教学方法更加注重培养学生的实践和创新能力，而不仅仅关注其书本知识的掌握程度是否熟练。因此，教师需要在教学过程中同时使用不同的媒体技术来展示各种事物的变化过程和有关标准，并使教学内容更好地适应实际应用，以获得更加成功的教学效果。传统的教学媒体通常是非动态的，提供的信息量并不大，而使用音频和视频技术的现代教学媒体可以更充分地展示一个知识点的全貌和细节。

4.教学媒体呈现多样化

高等学校的教学由于信息量丰富、实用性强，需要高水平的信息传递方式，所以教师可以利用不同的多媒体来开展教学活动。为了实现教学的目标，教师需要使用适合学习内容的各种教学媒体。

（三）教学媒体影响高等学校课堂教学的表现

1.教学媒体对教师的影响

步入信息时代后，随着信息媒体的投入使用和多媒体教学技术的发展，首先使教师体会到其拥有为学生提供多样信息和多感官刺激的强大功能；其次，能够减少教师书写板书的次数，一方面减少了课堂上教师的体力耗费，另一方面也提高了教学的效率。同时，教师也需要在信息技术的发展背景下提高自己的教学能力，他们需要通过独立学习的方式或参加自己学校组织的培训来提高教学等方面的知识。

2.教学媒体对学生的影响

在教学活动中使用多媒体教学手段，学生会感觉到知识的内容更生动，更容易理解，而且还可以提高相应知识的学习效率。学生做的笔记少了，自然有更多的时间吸收和思考知识点，从而学到更多的东西，拓宽自身视野。同时，多媒体教学也给学生带来了一些负面的影响，因为有些教师对多媒体的选择和使用存在不恰当的现象，部分教师执着于学习能力和速度的提升，不考虑学生的学习能力是否可以跟上，导致学生难以在短时间内接受高容量的信息，久而久之，学生就会缺乏主动思考。部分教师很少在黑板上写字，只在电脑上讲解知识，没有课堂互动，缺少情感交流，导致课堂的交流氛围减弱，学生愈发不愿意学习。有的学生认为自己上课不需要做笔记，可以通过自己电子设备上的材料来学习，所以他们不再像以前那样专心听讲。

（四）现代教学媒体应用反思

1.注重教学互动

在教学中使用多媒体技术可以提高学生学习质量，加快学生学习进程，提高教师教学效率，减少教师工作量，提高学生学习兴趣。但我们要注意，在产生积极作用的同时，也要减少学生在多媒体初级应用阶段可能产生的一些消极影响，即部分学生在课堂上不能更好地学习，教师的教学方法难以得到自由发挥，课堂上师生互动减少，等等。教学媒体的消极影响来自课堂的整体学习过程，这体现在教学媒体的选择、制作、实施和反馈环节上。消极影响的产生是由于教师缺乏创新的教学理念，对计算机技术的掌握不够到位，缺乏教学素材，媒体设施差，资金投入少，学习管理不到位，制作软件不完善等。这些因素中最重要的是教师缺乏创新的教学方法和不使用多媒体教学方法。新媒体教学中的感性信息可以对学生的不同感官产生刺激，使其达到最佳的学习效果。新媒体教学的基本要求是：学生引导、教师指导、双向交流。学习过程的设计与教学的内容有关，教师要根据学生的实际学习能力创造情境，提供信息，引导学生参与课堂的活动。教师要注重多方向的互动，促进师生之间的合作，对学生进行及时反馈、纠正和指导，为每个学生创造成功的机会，鼓励学生积极利用自己的双手和头脑学习知识，重视课堂的实践和创新。

2.强化服务功能

在课堂上，多媒体技术只是达到学习目的的一种手段，所以我们需要正确理解多媒体技术在课堂上发挥的作用。首先，教师要保证教学内容的完整和清晰，然后确定主题，以避免多媒体技术的不恰当使用分散学生的注意力，从而影响教学的效果。其次，教师要注意教学内容和方法的设计，关注学生的认知心理特点，注重教学效果的最大化。最后，教师要保证学习模式的设计得到合理的应用，课程设计应注意知识的连贯性，避免任意割裂逻辑和内容之间的联系。

3.倡导创新引领

目前，教师在多媒体技术的利用方面，更多的是处于模仿甚至是抄袭其他教师成果的阶段。大多数教师只是简单地对从网上下载的素材粘贴和合并，甚至随意地使用到课堂上，而没有考虑到课程的特殊性、学科要求和学习环境，更不知道该如何在课堂中灵活地使用这些素材。因此，最初为教育目的服务的多媒体教学，渐渐变为教师减少工作量的方式。长时间的引用和简单的抄袭对教师的创造性思维能力有很大不利影响，并最终影响教学效果。因此，为了不断提高多媒体创作和使用水平，高校有必要开展加强创新的活动，对多媒体技术的使用实行创新保护，组织创新设计竞赛，引导教师在课堂的教学中积极开发和使用多媒体技术。

4.加强技术学习

多媒体技术的作用早已不再局限于信息的传输，还具备了课堂管理等组织功能。新一代的大学生是跟随着互联网的快速发展而成长起来的一代人，现代移动终端的普及为他们的日常生活提供了极大的便利。因此，无处不在的网络环境也能被应用到学习中。互联网和计算机是当今教师需要首先学习的内容和技术。只有加强对网络信息的了解，教师才能适应"互联网＋时代"的课堂教学和网络教学，从而更好地开展各种类型的教学活动。

二、信息化背景下教学媒体创新发展

（一）视听媒体辅助教学

1.视听媒体的构成

视听媒体，是视觉媒体与听觉媒体的合称，在教学中，它对学生的不同感官进行调动，使学生通过不同感官接受教学信息，并建立正确的知识系统。

（1）视觉媒体

视觉媒体主要指投影仪、幻灯机等可以展示清晰放大的彩色视觉画面的视频展示平台，视觉媒体具有设备操作简易、成像清楚等优点。使用投影授课的教学形式比传统教学形式更加灵活，教师可以使用软件的编辑功能对重点内容加以标注，同时可以通过制作 PPT 的形式将授课内容按照层次呈现出来，全面掌控教学节奏。

（2）听觉媒体

听觉媒体有录音机和 CD 唱机等，能够播放声音信息，可以范读课文、欣赏音乐。听觉媒体经济实用，简便易行，教师可以根据需要自主播放，还可以自制或改制录音教材，使之提供效果逼真的声音，帮助解决某些课程中的难点。此外，教师还可以充分利用教学广播，进行远距离教学，扩大教学规模。

现阶段，视觉媒体和听觉媒体都在教育教学中得到了广泛应用，还有一些教学媒体充分集合了视觉、听觉表现特点，它们共同构成了视听教学媒体。不同的视听教学媒体特点不同，现实中不存在对任何信息、任何学习都适用的超级媒体和万能媒体，教师可以结合需要有选择地运用视听媒体，注意不同教学媒体的结合，扬长避短，优势互补。

2.视听媒体的教学应用

（1）教学优势与功能

将电教手段引入教学，是一种新的教学方法与手段。当前，电视、电影、广播、动画，以及各种的电化仪器和设备的使用对于教师和学生而言都是一种新的尝试，在教学中备受欢迎。

视听媒体集合了视觉媒体和听觉媒体的共同的优点，能够在呈现视觉信息的同时播放声音信息和画面信息，可以做到视听结合，表现力更强。视听媒体的教学功能具体如下。

其一，可以使学生对教学内容的理解更加深刻，视听媒体可以同步播放、呈现画面与声音，通过为学生展现更生动形象、丰富多彩的教学材料来提高教学效果，有利于学生更好地学习、掌握知识。

其二，视听媒体既可以从宏观角度挖掘事物的一般规律，也可以在微观细节处呈现事物的本质。其不受时间与空间的限制，能够通过多种手法从不同的视角展现事物发展的瞬间或漫长过程，有效拓宽学生的视野，促进学生对事物进行自主观察与思考。

其三，视听媒体教学相比于传统的教学模式更加灵活生动，具备声情并茂的特点，更容易引起学生的兴趣与关注。

（2）教学中遇到的问题

由于视听媒体是一项新兴的教学方法和手段，其在教学中的运用还存在诸多问题以待解决。

①从全国范围来看，我国视听媒体的应用还不够普及，在教学资源分配方面，还有很多地区的视听媒体资源比较匮乏。

②视听媒体的教学应用，对教师的计算机应用能力要求较高，一些课件的制作对专业性要求较强，而相当一部分教师在这方面的技术知识和水平存在不足，操作力差，无法在教学中熟练使用视听媒体，影响教学效果。

想要解决上述诸多问题，需要教学工作者和学校等多方面努力，如开发教学多媒体教学课件、建立学校多媒体教室、政府和社会保护教师知识产权研究与开发、加强教师综合能力培养等。

（二）校园网与移动网络教学

1.校园网教学

（1）校园网的功能

校园网本质是一种计算机局域网络系统，依托于互联网应用基础，利用软件以及硬件设备，管理学校的科研与教学工作，为广大师生提供教育教学服务支持。下面本书具体介绍校园网教学模式的一些功能。

①校内网络教学

公共的网络教育教学服务平台可以惠及全体师生，极大地提高教学效果。凡是网络服务平台，都需要依托于互联网应用基础，因此，在校园地域内搭建校内网络是十分有必要的，只有基于校园网，才能实现网络教与学的自动化与数字化系统运行，发展现代化教学模式，利用自动化的教育教学系统平台实现网上备课、教学演示、网课学习、考试与评价等系统功能，同时可以搭建电子阅览室，突破时间与空间的限制，为师生提供即时的教学信息。

学校想要在校园里建设宽带多媒体网络环境，必须搭建便捷的校园局域网。对于教师来说，校园网无疑大大提高了教学效率，使他们可以获取到最新、最有价值的备课材料，更新老套的授课形式与教学内容，利用先进的多媒体视听技术，大大节省备课时间、提升工作效率，同时为学生带来更好的教学体验；对于学生来说，校园网的搭建开拓了其获取信息的渠道，大大激发了他们的主观能动性。脱离传统的教室，在网络这个广阔的"教室"中，学生们可以自主选择感兴趣的内容，学习更有效率。另外，校园网在教师与学生之间搭建了沟通的桥梁，打破时间与空间的限制，促进师生间的互动与了解。

②远程教学与通信服务

校园网的最大用途之一就是实现了远程教学与通信服务，不仅仅是为师生之间的互动开通了渠道，还缩短了师生与学校管理部门之间的问题反馈时效，实现了学校与学校之间的沟通与学习。比如，身处不同城市乃至不同国家的两所学校，能够借助网络平台实现资源共享，借助学校网站、电子邮件、视频会议等渠道互相学习彼此的教学经验与成果，促进远程教学、小组作业、针对性的辅导等教学模式得到有效开展。

③行政管理自动化

学校的行政管理由很多模块组成，包括但不限于教务管理、行政事务管理、教研管理、后勤管理、学生管理、信息管理等，传统的人力管理需要管理人员耗费大量的精力，因此，有必要实施行政管理自动化模式。

原来传统的管理模式是纵向的，渠道单一，主要依靠个人的经验进行决策，较多地受主观性因素影响，容易造成很多失误，管理效率不高。因此，高校应由过去的简单管理模式升级成网络状的复杂模式，即要实现行政管理自动化，需要在校园网的基础上构建管理信息系统（MIS），MIS 属于分布式的管理系统，能够对学校的教务、人事、财务、日程、后勤等不同模块进行职能划分区域管理，打通管理渠道，实现多向性管理模式，大大提升管理效率，规避了主观性因素造成的失误。

2.移动网络教学

（1）移动学习

迄今为止，我国相关研究领域并未给移动学习作规范的界定，不过可以明确的是，想要实现移动学习需要移动通信技术的支持，对于移动学习的定义，很多专家学者都发表了自己的看法，下面本书列举几种具有代表性的说法：

①移动学习是在移动计算设备的帮助下，以移动技术为中心，不受时间与空间的干扰，注重学习的技术特征的学习。

②移动学习是与 e-Learning 相关的移动学习定义，移动学习是 e-Learning 的扩展。移动学习（m-Learning）是远程学习（d-Learning）和数字化学习（e-Learning）发展过程中新的发展阶段。

③移动学习指的是教与学的活动都可以通过移动设备进行。学习者能够通过

移动技术持续发生交互。

（2）移动网络教学的特点

随着移动互联网的发展随之成熟和不断升级，越来越便携的输出设备（如手机、笔记本电脑、平板电脑等）出现，使得学生在需要时可以随时随地观看视频或图片。与传统教学相比，移动学习具体如下优势特点。

①移动性

移动性是移动学习的一个最基本的特点，即移动学习可以随时随地进行。学习者不再被限制在课堂上、电脑桌前，而是在任何地点（如地铁上、公交车上）都能根据自身需求获取不同的学习资源。

②碎片化

移动学习能实现学习者在任何时间的学习，学习者可以通过利用其琐碎时间，每天进行移动的碎片化知识积累，以满足自身碎片化学习的需求。

③个性化

移动技术下，很多学习类软件的出现可以方便不同的人有针对性地进行学习。不同学习者可以结合自身学习的方式、习惯、风格等，在移动设备上选择最适合自己的学习软件和学习资源。

目前，部分有条件的学校推出了自己的教学 APP，教师通过教学 APP 建立班级群可以实现师生之间随时随地的交流与沟通。基于移动通信的微信教学也正在实验中。移动网络教学正在快速地发展，将为高校教学带来更多的教学变化。

（三）移动网络教学应用模式

目前，移动学习有以下三种模式，高校移动网络教学也是基于这三种学习模式建立起来的，各学习模式的特点不同，教师可结合教学需求选择应用。

1.基于手机短信的移动学习模式

基于手机短信的移动学习模式是指通过短消息、多媒体消息等手机短信，教师向学生传达教学任务、教学情况以及其他相关通知，学生则将自身的学习情况与问题反馈给教师，实现信息互通、远程交流，另外除了师生互动沟通的功能，该移动学习模式还提供信息自动查询与在线考核等服务功能。

基于手机短信的移动学习模式的操作十分简便，只需为师生配备可以收发短信的智能手机等移动终端，就可以开展学习与教学活动，分别实现教师、学生以及服务器之间的交流互通。

2.基于浏览连接的移动学习模式

基于手机短信的移动学习模式虽然方便，但是也存在缺陷，即手机短信通信无法实现实时交流，有时间差。基于这个教学方面的局限性，教育学者与专家紧跟时代潮流，随着通信芯片和 3G 通信协议的问世，推出了基于浏览连接的移动学习模式。

该移动学习模式也需要为用户配备移动终端，不同的是，在经过电信的网关接入互联网后，其借助 WAP 协议对教学服务器进行访问，为用户提供实时浏览、查询与交互服务，师生可以借助互联网随时随地获取教学资源。

以微信公众平台"VF 程序设计"为例，这是近期才推出的一门程序设计类课程，开设的主要目的是帮助大学生们顺利通过计算机二级考试。在微信平台上，学生分组创建微信群，各小组邀请教师加入，同时，所有学生和教师都在一个公共群内，借助新课程模式，教师使用微信向每一位学生推送课程资源，学生可以随时、反复学习，学生既可以在自己的小群内协作学习，也可以在公共群中学习讨论，学生还可通过微信的微社区发帖、回帖讨论或反馈。

3.基于校园无线网络的准移动学习模式

基于校园无线局域网络，用户可以借助智能手机、笔记本电脑、平板电脑、台式电脑等移动终端实现局部范围内（如一个校园、一栋教学楼、一个教室）的移动学习。

随着时代的发展，电子信息技术更新迅猛、日新月异，传感技术愈发成熟，移动设备的发展也愈加智能。触摸屏、语音打字、手势指纹面部解锁等技术的问世改变了人机交互的方式，由原来的键盘输入升级为多元化的输入模式，这极大地方便了视障、听障等特殊人群的学习生活。

随着科技的不断进步，相信在未来会出现更具个性化的网络技术，使移动学习的发展趋向定制化、智能化。移动通信技术的革新也将会延伸出诸如移动学习终端设备的推送等人性化的服务。

第二节 信息化背景下高校教学资源利用

一、教学资源概述

（一）教学资源基本概念

在第二章中，本书对传统教学与信息化背景下高校教学在教学资源方面的差异进行了简要介绍。在此，本书将对教学资源进行更详细的阐述。

总的来说，凡是可以促进学生学习、支持教与学整个过程的材料、系统、环境条件，都可以被称为教学资源或学习资源。从狭义上来说，教学资源指的是教学过程中使用到的如教学软件、教学传播系统等教学材料以及媒体软硬件设备；从广义上来说，教学资源的范畴是促进学习的所有资源，不仅包含物质资源，还包括信息资源与人力资源等多个方面。

教学资源覆盖面极其广泛，如学习资源中心、教学传输系统、数字图书馆、电子阅览室等都属于教学资源的范畴，从组成结构的角度来划分，可以将其分为物质资源、人力资源、信息资源以及综合性资源。再往下细分，物质资源指的是以物质形态存在的资源，包括各类教学装备与设施、多媒体教学工具等；人力资源指的是直接或间接参与到教与学整个过程的所有人员，包括教师、教学辅助人员、学生、后勤管理人员等；信息资源指的是教学过程中用到的纸质或电子版的教学材料，包括教科书、视听媒体资源等，具体如表 3-2-1 所示。

表 3-2-1　教学资源分类简表

资源类型		各类学习资源举例
人力资源		教学管理人员、教学辅助人员、教师、学生等
物质资源		教学设施、教学场所、实验设备、直观教具、教学媒体等
信息资源	传统课程资源	课程计划、教学方案、教科书、教学讲义、其他课程资料等
	音像媒体教学资源	录音、录像教材、投影材料、幻灯片、VCD、DVD 等视听教学材料
	多媒体教学资源	多媒体素材库、教师备课系统、教学管理系统、教学评价系统、题库管理系统、电子百科全书、教学工具软件等
	网络教学资源	虚拟学校、虚拟教室、数字图书馆、教育网站、在线课程等
综合性资源系统		校园网系统、多媒体教学系统、学习资源中心、远程教育系统、语言实验室系统、电子阅览室、广播电视教学系统、网络电子教室等

（二）信息化教学资源的特征

教学信息资源包括不限于视听媒体资源、纸介质媒体资源、网络教学资源、多媒体教学资源等，它们的划分主要根据表征符号以及媒体形态的不同进行。相比于传统的教学模式，现在教学过程中使用的教学资源的内容数量更为庞大，媒体种类更丰富，信息的存储、传递与提取的方式更加先进便捷，这些变化使师生更加容易获取自身需要的信息资源，使师生之间的交互更加畅通。这种具有明显时代特征的信息化教学资源对传统的教育体制与教学模式产生了巨大的影响，极大促进了我国教育体制的飞速革新。

1.信息资源共享化

信息资源共享化是指在互联网的应用基础上，利用信息技术使得不同区域内人与人之间实现信息交互、资源共享。人们注册为网络用户，对感兴趣的学习资源进行自主查询、获取。另外，先进的计算机技术还可以对信息进行加工处理，降低信息处理成本。

2.信息处理数字化

文本、声音、图像、视频等信息都是模拟信号，对其进行数字化信息处理的前提是把它们转化为数字信号，如此，极大提升了信息的可靠性，更便于人们对信息进行纠错处理。

3.信息存储光盘化

光盘存储信息具有大容量、小体积的优点，研究表明，如果是文本信息，一张光盘的存储量约等于 650 000 页 A4 纸的文本信息量，总的来说是 3 亿多个汉字。而如果是图片信息，一张光盘大概可以存储一千多张图片。在信息的查询与检索方面，光盘存储也比传统存储方式更简便、快捷。

4.信息显示多媒化

教学材料的载体多种多样，可以是文本、声音、图像、视频等，我们可以通过先进的多媒体计算机技术对这些教学资料进行存储、传递、加工与提取。相比于传统的文字与图片信息，多媒体技术的革新使得学习资源变得更加丰富多彩。

5.信息传输网络化

依靠网络远距离快捷传输技术，可以集中管理分散的信息资源，我们实现分级储存，教师和学生在获得权限后可以通过联网的移动端随时随地查询自己需要的信息资源。

二、信息化背景下高校教学资源建设

（一）信息化背景下高校教学资源建设的设计

随着信息时代的来临，人们的学习方法也在不断地变化。伴随传统教学观念向由教师主导、学生为主体、强调创新教育的现代化教学观的转型，高校教学资源建设也逐渐向数字化、电子化方向发展。同时，教育资源在内涵、外延等方面也有了较大的改变。教学资源是教学内容的主要载体，是实现教育目标和课程构建的关键和保障。在信息化环境下，教师要根据教学大纲的要求，采用先进的计算机、互联网等技术手段作为教学辅助，结合教学设计的内容，为广大用户提供高质量、高水平、内容丰富的教学基础资料与教学示范课程，推动优质教育资源共享，提升教育整体水平。信息化背景下高校教育资源建设应该从以下几个层面进行设计。

1.建立统一的资源技术规范

因为教学资源复杂且种类繁多，所以人们难以有效管理与使用这些数量众多、层次各异、属性各异的教学资源。为了有效地管理和使用教学资源，高校需要制定统一的技术规范，也就是使教学资源建设标准化、规范化。教学资源的标准化建设，是为了使多个库之间能够进行资源的共享和交换，从而避免在建设过程中形成"信息孤岛"。通过规范化教学资源建设，可以减少资源重复建设，节约教学资源、提高质量、节省时间并将更优质的教学资源提供给广大教师。所以，在教学资源建设的早期阶段，高校必须制定标准的技术规范，为教学资源的设计者提供制作基础，更好地共享教学资源，同时也为师生的使用带来了便利。只要老师和学生对部分的教学资源有一定的了解，其他的教学资源也会迅速地被人们所熟知。当前国家教育部颁布的《教育资源建设技术规范》为我国高校的教育资源建设提供了一定的标准和参考依据。

2.构建统一的教学资源平台

构建教学资源体系，要以教学内容为纲领，与此同时，高校要以现实教学资源为基础对教学内容进行丰富和强化。为方便师生能够在教学过程中共享丰富的教学资源，让数字化教学资源脱离分散、无序的状态，高校要对优秀教学资源进行有效整合，并建立一个开放、立体、互动的信息化教学资源共享平台。构建平台时，高校可以从这几个方面入手。

（1）建立系统化、科学化的分类体系

建立信息化教学资源分类体系旨在为网上的信息提供指引，使师生能够通过链接快速有效地寻找到目标信息。教学资源分类体系不仅要讲究科学性，还要求实用性和易用性，高校在列出分类时要结合标准化与个性化，以标准化为基础，将学校和专业的特点有机结合。高校要在统一标准下使得自身优势充分发挥，建立特色数字化教育资源。不同学科要有不同的呈现方式，高校不仅要对传统教学资源分类体系进行参考，还要创新设立全新类目设置标准和分类级次，充分顾及技术环境下的检索方法、手段和技术，多维设置分类体系。通过信息化教学资源分类，有关信息得以被合理有序地分类到相应类目下，整个类目体系变得更加整体和有序，检查查全率得以提升，搜索时间得到缩减，检索效率和准确度也大大提高。

（2）信息化教学资源的一体化设计和可选择性设计

所谓信息化教学资源的一体化设计，即在建设资源时，以学习者需求和课程特点作为基础来选择媒体的使用形式，以学习对象、目标和学习内容、规律为依据，确定教学资源的使用形式，使各种教学资源在被使用时可以有所配合、实现互补，充分发挥信息化教学资源的优势，并形成有机整体。资源建设过程中，学习者是核心所在，高校要以其需求为出发点，为使学生取得更好的学习效果，高校要理清楚与教学设计之间的联系。所谓可选择性设计，是指在教学资源建设中，不同的学习者可以对设计的模块化、结构化学习资源体系进行选择。不同学习者有着不同的学习需求和自身情况，因此可以选择更适合自身的教学资源模块。将教学内容分为多个知识点是可选择性设计的重要前提，为满足学习者的不同学习需求，高校要将教学内容分解开来，确保这些独立知识点可以科学组合成有机整体来满足学习者深入学习的需求。对学习内容、媒体和策略进行合理选择和有机结合，是可选择性设计的关键所在。例如，将教学内容、设计、资源有机结合，以课程作为教学单位设计一体化立体教学包，呈现出多种教学产品形态如音像、图书、电子出版物等，最大化发挥各自的优势，满足不同用户的不同需求，并保证教学环境支持多种模式。教学包中教育资源内容相关又表现各异，不仅有所交叉，还相互补充和配合，一个可以提高教学质量服务的信息化教学资源的整体解决方法就是如此形成的。

（3）建立信息化教学资源"云平台"

教学资源"云平台"能够通过多种途径实现教学资源多种形式的展示，为学习者提供更好的教学内容和教学资源媒体形式，同时也能为教师们提供多媒体材料，供他们自由组装和二次开发。该平台能够按学科分类收集试题并组成题库，利用云平台上的试题库管理系统，在一定网络范围上实现自动组卷、在线测试、自动阅卷、分数查询等功能。云平台上的专题网站和网上教学站点也能为学习者提供相关的资源服务，如辅助答疑解惑，帮助学习者解决问题。

（二）信息化背景下高校教学资源建设应注意的问题

信息化教学资源具有多种特点，而教育性、技术性和可获取性构成了信息资源的三维立体属性。在构建信息化教学资源时，如果高校过分强调使用虚拟现实等高技术手段，会导致忽略教学资源的教育属性。尽管有些资源很好，但是在实际应用中，由于软件和硬件条件的制约，可获取性并不高，对教学资源的共享和利用也会产生阻碍效果。在构建信息化教学资源时，高校应从以下几个方面考虑。

1.注重集成性

信息化教学资源内容多、种类全、数量大，如果资源集成性差即资源整合不到位，将会造成资源的管理问题。所以高校在进行资源建设时，要从整体上考虑和规划，完成好局部设计。通过这种方式，高校可以有效地整合各种资源，形成整合优势，从而为教学提供支持和服务，一定程度上促进人才培养目标的实现。

2.注重专业性

不论是基础教学资源、多媒体教材资源还是网络课程资源，高校都必须确保其专业性。在资源构建的过程中，高校要针对不同学科特点，科学地进行课程体系的划分，并对其进行信息化资源的构建。为防止资源建设一成不变，高校不仅要重视形式，更应该注重内容。

3.注重扩展性

教学资源的建设绝不是短期建设，而是要从扩充和延续的角度来考虑教学资源，高校要确保其内容不断地充实和更新。只有以需要为中心，服务于一定的教学目标，教学资源才能长期、持久地建设下去。

4.注重开放性与安全性

教育资源的建设与利用应当具有相对广泛的开放性。高校建设教学资源时，可以从其他高校或者不同的开发人员那里汲取教学资源，也可以将教学资源提供给有相同需要的人。然而，在强化资源共享与开放的前提下，高校必须重视资源的安全性，以避免资源被滥用、盗用、毁坏。同时，在新技术发展的同时，高校也需要更好地保证资源的安全。

5.注重知识产权

随着当今时代科技的飞速发展，网络技术和多媒体技术的革新和突破越来越多，人们越来越重视知识产权的问题。在建设教学资源时，高校要充分利用资源，充分利用其优势、发挥其作用，同时要尊重开发者的原创权，防止出现侵权现象。

6.处理好不同类型的信息化教学资源建设与应用之间的关系

不同类型的教学资源，在构建和运用过程中，所承载的媒介和传播途径也不尽相同。要想避免教学资源的构建和应用之间出现分离，高校就要从资源使用的应用条件出发，以实现教学资源的构建和应用的整合。

（三）信息化背景下高校教学资源建设的组织和管理

1.确立信息化教学资源建设的指导思路和意识

管理者应做出科学、前瞻性的总体规划，全面掌握资源建设的发展状况，并适时地提供指导。高校应组织有关人员认真学习规范，对规范中的各项规定进行分析，并做好前期的论证、培训等工作。要使人才的价值得到最大程度的发挥，就必须采取相应的激励措施，以保证研究人员维持较高的积极性和主动性。高校必须建立一个信息化教学资源准入审核制度与校验建设成效的评估体系，以保证教学资源的质量。另外，信息化的教学资源建设也要有动态的发展。要实现"以教育信息化带动教育现代化"的目标，高校就需要通过与一线教师的交流、探讨，来收集和利用有关资源的反馈，建立良性循环并在实际应用中不断地进行调整，如此才能吸引更多的老师、同学前来访问、利用这些资源，从而为教学提供真正的支持与服务。

2.组织专门机构或专人开发建设和管理维护

高质量的资源建设，必须有一个好的团队。研发与建设队伍由教育技术、教育学科、计算机、心理等不同领域的人才组成。高校不能单纯地把学习内容堆在一起，而是要充分利用每个人的能力和优势，加强团队间合作，最大限度地构建和整合资源，通过教学设计、教学研讨等多方面的紧密协作，保证教学理念和思想的落实，避免资源重复建设，提高教学资源的实用性和可用性。教育资源的建设是一个长期的过程，高校必须不断地对其进行迭代更新。同时，高校要对教学内容中的落后、过时的内容进行及时清理。负责组织、整理、设计、开发工作的专业机构和专业人员有效提高了教学资源的数量与质量，使教学资源的利用更加充分。

（四）高校教育信息化教学资源建设改革

在高校教育全面信息化的今天，为了顺应时代的发展，高校必须对教学资源进行改革。当前，我国高校在建设信息化教学资源的过程中，存在着资源利用率低、教学设施重复建设、教学仪器设备缺乏更新和相关维护等问题。在这一背景下，我国高校教育信息化教学资源建设必须进行一系列变革。

1.信息化教学资源建设改革思路

信息技术是教学资源信息化建设的先决条件和重要内容。信息技术具有信息处理数字化、信息传递网络化、信息检索迅速化、信息展示媒体化、信息组织链条化、信息共享多元化等特征。

第一步，要建立以人为本、以学生为本、以教学为本的观念。在传授知识时，教师要在保持原来的教学内容和内容多样性的前提下，站在学生角度，根据学生的特点和学习能力的差异，调整教学内容、教学方法和教学思路，以充分调动学生的学习积极性和主动性，满足不同水平、不同层次的学生对知识的需要。同时，教师要根据学生的认知特征，建立合理、有益、温和的学习环境，让学生在任何时候都能获得老师和其他学生的支持，实现师生、学生之间的良好互动。信息化资源的优点是能够完整、智能化地记录、分析学生的学习情况，并通过科学的分析和反馈使教师能够全面地了解和掌握学生的持续状况，以学生的需求为基础，适时地改变教学思想和策略。

第二步，要建立一个资源共享的平台，贯彻开放、双赢的思想观念，加强国际、省际、校际的交流合作。目前，受地域、专业领域和本位主义的制约，我国高校之间的沟通和交流一直不太顺利，甚至出现了资源壁垒。在建设信息资源时，很多高校都有信心去建立一个完善的、先进的资源平台，但由于人才梯队和专业结构的限制，资源平台的构建和发展并没有达到预期的效果，反而影响到自身特色的发展，甚至对整个学术行业都有一定程度上的负面影响。2002年，联合国教科文组织在巴黎论坛上公开倡议，提倡学术成果的沟通与共享以及先进教育资源的互通。这次倡议在一定程度上为我国高校资源互通问题敲响了警钟。开放的理念、互通有无的意识是资源整合的重中之重，也是全世界教育水平迈向新台阶的重要原动力。国外高校互通教育资源、共建良性学术平台的成功经验表明，只有资源互通、信息共享才能更加有效地优化教育资源，从而推动人类共同的发展与进步。开放与互通教育资源虽然会在短时期内造成竞争，优胜劣汰，但是从更加长远的角度来看，优胜劣汰才是人类自古以来发展进步的自然法则。在个人利益与全人类利益面前，大我意识远比小我意识更能体现人性的终极价值。有学者提出，合作才是资源互通、互利的最重要特征和外在表现。在信息化教育资源如此发达的今天，只有合作并实现教学资源的互通才能刺激资源快速进化，甚至再生。世界上任何一所高校，无论名声如何，都无法、也根本不可能保证其所开设的每一门课程，都配备了世界上这一领域内最优秀的教师。"尺有所短，寸有所长""术业有专攻"，高校之间可以采取相应的灵活措施进行教育资源互通，如由当地省、市政府部门出面协调，以国家力量共建合作、沟通、互补平台，共同进行数字化、信息化资源建设工程项目，彼此之间分工协作，各自发挥优势与特长，扬长避短，共谋长远发展。又如，高校之间可以通过结成专业联盟或者项目联盟，或是强强联合，或是南南合作，总之，要达到优势资源互补互惠的目的，最终通过统一协调来推进资源信息化建设。

最后，推进资产私有或知识产权私有化建设。产权私有意味着要通过合理、有效的途径保护知识产权。信息化时代或数字化时代的主要特点之一，就是信息或资源流通于无形，信息资源的泄露之容易远远超出学者的想象。但是智力产品作为劳动成果，同样值得所有人尊重。维护劳动成果的私有权能够提升劳动者的研究积极性和对学术群体组织的信赖性。2001年，国家出台了知识共享协议，很好地保证了知识版权被掌握在创造者手中，如果其他学者需要使用这一资源，可以申请相关授权，这样既解决了知识的私有权，又解决了资源互通壁垒问题，找到了二者理想的结合点。国内高校应积极引进这一协议，用协议保障各方利益，维护良性发展平台。

2.信息化教学资源建设改革对策

高校应当接纳和汲取信息化运营和落实过程中的进步经验，牢牢把握从理想到实操、从量变到质变的信息化教学成分的发展。高校要从学生的根本利益出发，调整改革措施，坚持以实用性作为指导，推进信息化资源的合理化配置和配置程序。

（1）以全国高校为根据地，长远规划资源外延

信息化或数字化教学资源具有较强的逻辑性和宽泛的涉及领域。因此专业人

员的培养和配置、相关人员对信息化教育的充分参与以及对上述人群工作成果的即时评估对于高校的信息化教学来说都是必不可少的。而评估的具体内容可以包含对学校内所设学科内容的分析、对所教学科的对应教师能力的评价和教学资源分配、财政资源拨调等及其信息化建设程序。借助对上述方面的评估，高校可以更加高效地安排资源去向，由此制定与信息化时代发展理念更加相符的革新性策略。不仅如此，高校还可以将高校校园作为信息化研究的开展基地之一，校园内部所有学科和师生共同参与研究，院领导则担负起信息化建设的先行者的责任，多方合作共同开展高层次策略或调研，从而拓展并深化资源安排方案以及资源评价指标体系规划。在这一实践当中，高校上层领导需要表现足够的自我约束力，这样才能落实更加有效的、针对其他下属人员的管束机制，主动和准确地把握发展前景和发展原则，积极暗示教职员工充分参与信息化资源建设的进程，使其主观能动性得到有效发挥。教职员工一旦拥有了主动参与和投入信息化教学建设的意识，就能够为教学实践提供即时性的意见和反馈信息，对信息化的资源建设经历中的各种缺失和不足进行纠正、调整和改进，最终实现最为理想的教学效果。此外，高校可作为重要的教育平台向领导层积极申请经济方面的资源支持，还可以主动地向社会企业、事业单位等寻求融资支持，从而为校企合作共赢建设多样化、全面化的资金获取渠道，获得充裕的信息化建设经济支持。

（2）增加设计与维护程序

从当下教育领域的实际情况来看，高校教育资源仍然存在鱼龙混杂、良莠不齐的情况，一方面，高校仍然主要借助纸质教育资源开展教学工作；另一方面，高校教学人员往往未能对教学知识进行清晰合理的主次规划，将基础性知识和重难点知识混合一气、主次不分，也没有将充分的师生间互动落实在教学过程当中。通过分析历年高校的教学效果和教学方式，不难发现：从知识传播的角度来看，教师往往过分强调知识性和概念性内容的传播，而忽略那些实践性和技术性的知识，更不用说将其投入实际测试和现实应用了，显然，这种教学方式未能充分考虑教育对于应用知识的传递和实践经验的积累作用，无法引导学生正确认识"知识指导实践生活"这一最终的现实性目的。要开展顺应信息化时代发展趋势的资源建设改革，就不仅应当充分利用和依靠数字化媒介，还应当充分积极地汲取当下最具前沿意义的、创新性的教育实践经验和教学思想理论，实现数字化和信息化介质同当代信息化技术与学术的全面有机融合，从而达到知识性存储以及系统性应用的效果。

三、信息化背景下高校教学资源的整合

（一）信息化教学资源整合的必要性

1.信息时代的数字化学习需要进行信息化教学资源的整合

从信息时代这一时代背景出发，教育工作者需要将数字化学习资源作为开展自主式学习和个性化学习进程中关键性的学习辅助资源。而网络平台、电子邮件、数据文件、数字音视频、多媒体应用、CD-ROM、在线交流、在线学习管理系统、计算机模拟、数据库等都可被划分入数字化学习资源的领域。然而，这些数字化的学习资源目前仍然不便于有序而具有系统性地融入高校教学的实际应用，难以为学生的学习创造真实的价值，所以，高校应当借助科学的手法对这些网络教学资源进行系统性的规划，进一步朝着建设具备多样性以及全球共享性能的系统学习资源的方向前进，基于统一的网络共享平台，帮助学生进行自主探索的独立性学习，使其在网络平台的基础之上开展协商合作式的学习。

2.信息化时代的移动学习模式推动了信息化教学资源的整合

受无线终端和无线互联网技术共同高速发展的影响，教育领域内出现了一种全新的学习方式，也就是所谓的移动学习，继数字化学习之后，移动学习成了另一项全新的时兴学习模式，学生和教师都逐渐将对教育资源的需求转向无线互联技术领域，借助无线终端（如笔记本电脑、PDA、手机等）开展不受时间与空间条件限制的学习，可以说，当今教育领域的时代就是移动教育的时代。因此，与便携式教育终端相符合的管理组织平台以及多样的网络系统学习资源也应当顺应移动学习的出现而不断发展，从而满足各种类型的移动学习者的需求。

（二）信息化教学资源整合的含义与要求

借助网络信息技术对不同的文本、视频、音频、图片等资源进行合理的规划，将其整合为网络平台上的数字化学习资源，面向大众开放并提供信息技术服务，这就是所谓的信息化教学资源整合，其优势在于能够充分地发掘和体现学生在学习过程中的积极性、主动性和创造性，并基于网上教学资源的支持，将"自主、探究、合作"作为基础性特征，推进信息化的教与学进程，在这一过程中全方位地培养和塑造学生的创新理念和实践能力，利用网络平台和信息技术将素质教育的要求和实践落到实处。但是，不能忽略的一点是，信息化教学资源的整合同样

需要遵循一定的规范准则，只有有序开展信息化的资源处理，才能实现统筹规划的目的，充分体现整合的优势，把握应用整合的收益。

（三）信息化教学资源整合的类型

1.个人网站或博客

中文中的"博客"一词是音译词，其源头是英文单词"Blog/Blogger"。其中Blog 的全称应是 Weblog。而所谓的 Weblog 则可以理解为依托网络平台完成的"流水账"，它以流水的形式记录日常生活的诸多方面，因此也可以被简称为"网络日志"。Blog 所涵盖的内容很广，可包含关联其他网址和网络空间的超级链接以及相关评论，与公司和个人有关的界面和信息，乃至在网络平台发表和传播的照片、日记、诗歌、散文甚至个人创作的小说。而这些内容如果没有通过博客的形式来构建，其依托的平台则应当称之为"个人网站"。综前所述，无论是博客还是个人网站，两种形式都可以被高校教师作为整理与安排所掌握资源的网络途径。另外，除了这两种前文提及的方式之外，教师还可以把手头上的教学资源全部归纳在同一个系统中，包括个人的研究方向、研究课题、已获得的研究成果、采集的各类教学资源等。这样一来，在学习过程中，学生只需访问教师的个人网站或博客，就能够对自身所需的教师信息和教学资料有一定的了解。在这一前提下，学生就能够在利用网络资源开展自主学习的同时，和教师一同利用网络资源实现实时的信息沟通、信息交换和教学反馈，使教师充分掌握自身情况，继而对教学内容、教学措施和教学进度进行更加合理的规划和调整，由此达到交互式的教学效果。

2.网络课程

将教学资源归纳整理在网络课程之中，对于高校教师而言是一个颇有可行性和先进性的建议策略。网络课程的开展以前沿的教育思想、科学的教育理论和学习理论指导作为基础，建设以 Web 为开展平台的课程模式。网络课程的学习过程拥有明显的共享性、交流性、开放性、合作性和自主性等基础性质。这里需要强调的一点是，教学资源这一概念是被包含在教学内容之中的，因此网络课程的开展和安排必须充分考虑教学资源的实际情况（至少需要考虑最为基础的教学资源部分）；假如网络课程所涉及的内容仅局限于教材本身，则这绝不是一种合理的教学模式（至少需要承认其作为教学方式并不完整）。不过，在现实中的网络课程开发实践中，教育人员有时也出于方便开展工作的考虑（如要进行分工合作，抑或顺应并行运作的开展），有时也会将教学资源作为一个独立的部分进行规划和安排，有时还可能将其与网络课程并列而论，谓之"网络课程与网络资源开发"。但是，在这种场合下就尤其需要注意其本质性概念：之所以进行这样的区分，只是为了方便开发的要求，网络资源本质上并非一个独立的体系，而是应当隶属于网络课程的内部范畴。

3.专题学习网站

高校教师也能够将其目前所拥有的教学资源整合为专题学习网站，借助这一手段推动和落实信息化教育进程。这类学习网站的基本组成主要包括专题知识、专题资源库、专题学习应用工具和专题学习评价四部分。

（1）专题知识的主要内涵是借助采集整理并建设与所教内容相关联的文字、图像、音像等多媒体教学资源，遵循一定的教学安排将其归纳和调配，并通过网页的形式，生产出交互性明显的专题网络教学课件。

（2）专题资源库的内涵即按照与教学内容相关的资源建设规范进行划分安排，并将适宜的教学资源整合入与本专题有关的资源库当中，为学生创造有利的资源传递、接收、维护、检索、应用环境，以及与之相关的一系列资源管理和应用程序。

（3）专题学习应用工具指的是能够为学生提供有效的专题知识和专题资源，方便其开展网络学习的工具。

（4）专题学习评价即学生在学习过程中所掌握的、对自身学习效果进行评估判定的手段。专题学习网站应当具有和所关联学科的教学要求密切相符的内容，这样才能实现自身的实际应用价值。网站的主题和设计都应当具有主题鲜明、立意积极、内容前沿、形式多样、创造性明显的取向，同时，其所涵盖的知识点也必须足够广泛和多样。另外，为发挥其最为基础的作用，专题学习网站的设置需要与教学设计相符，对学习者的特征发掘、教学目标规划和实际的学习策略应用进行全方位的深刻考虑。专题学习网站需要采用与学生的学习心理相符合的页面设计，界面便于操作、多方面友好，并体现充分的联动作用与交互性。专题学习网站的开展应当建立在多样化的教学资源基础之上。

4.精品课程

一部课程只有在具备了最为先进的课程教材、教学内容、教师资源、教学方案、教学管理等资源之后，才能被冠以"示范性课程"的荣誉。其中，现代化教育手段的全面落实是示范性课程建设必不可少的一项环节。只要高校具备足够的条件，就应当努力建设和打造精品课程这一教育目标让优质教育精品课程成为一种立体化的教材形态，实现资源的大面积分享，建立起内容创新、手法与观念先进、教学同科研理念和方式紧密结合的前沿课程体系。值得强调的是，精品课程建设必须依照一定的规范和指标进行，这样才能剔除其中质量不达标的部分，因为并非任何课程都能够获得精品课程这一荣誉。

5.网络教学平台的信息资源

在当前的信息时代，网络教学平台正在逐渐成为诸多高校所依赖的网上教学媒介，而这一教学平台最为突出的特点和优势之一就在于其简易快捷的操作，教师无须经过长篇累牍的练习，只要稍加训练就能够借助网络平台实现有效的资源整合。而想要真正地在信息化教学资源的整合这一工作中运用网络教学平台系统，就需要依据一定的标准来对整个资源库进行规划与安排，这些标准所涉及的方向主要包括问题库、课件库、测试卷库、实例库、媒体素材库、资料档案库、网络教学库、常见问题解答库和资源目录索引等，其中还包含许多将单独的文件有机地整合在一起的资源形式，这些资源都能够为学习者的学习提供参考价值。

（四）整合信息化背景下高校教学资源的基本思路

在信息化背景下，高校教学资源整合工作以高效利用性为核心。作为一个教学整体组织，高校必须高效发展，想要在教学实践中更好地开展教育整体工作，关键在于通过整合教学资源使教学运转的高速性与稳定性得到提升。由于整合实践教学资源的过程中存在着落后的工作理念与工作模式，在某些地方与当前教育要求不匹配，所以高校需要进一步创新教学模式与教学理念，通过工作体系的优化，使信息化教学资源整合效率得到进一步提升，与高等教育的快节奏发展需求相适应，推动学校提升发展动能。在信息化教学资源整合工作的开展过程中，关键在于服务于教学整体，紧紧抓住教学工作这个核心，使信息化教学资源整合工作的规范性和有效性得到提升。教育实践中的所有工作的目标都是推动教育发展，使存在的现实问题得到良好解决，使教学秩序和教学效率得到规范和保障，使高校教学的多元化要求得到满足，使高校教育总体质量和水平不断提升。

（五）提升信息化背景下高校教学资源整合效率的策略

1.树立新型教学资源认知理念

传统高校教学模式在现代信息技术发展的影响下不断革新，教学体系中开始融入现代教学设备，智能化教学目标得到实现，大量的数字化教学资源随之生成。想要实现高校教学改革背景下的信息化教学资源整合目标，就要对教师开展实践教学提出要求：要摒弃传统的"书本式"教学资源观念，使自身的教学资源认知理念得到创新，教学方式得到转变，树立信息化的教学资源观念，在信息技术的帮助下使教学的多元性和丰富性得到提升，将更优质的教学资料提供给学生。除此之外，在教学过程的开展中，教师要重视高校教学自身的特殊性，尤其是其具有的多元化特征，在多元化教学中不断优化和改进教学资源认知观念，使教学资源得到有效整合，促进科学教育目标的实现。

2.提升信息技术教学的比重

应用是信息化教学资源整合目标实现的关键，因而高校要追求创新，促进信息技术教学的开展。信息技术教学存在多种形式，其核心就是通过对现代信息技术的利用，使教学的丰富性和层次性得到提升，最终促进多元化教学目标的实现。课堂教学的直观化程度可以在信息技术教学的利用下得到极大提升，在这个过程中，抽象复杂的知识可以转化为现实图景，与此同时，也可以为后续教学积累大量教学资料，奠定其发展基础。

3.提高信息化教学资源利用效率

高校教学工作较为繁杂、分支众多，要想使现代教学发展需求得到满足，必须提高信息化教学模式与体系的构建效率。在实践中，高校要从制度构建和教学微观同时入手，使信息化教学资源整合效率得到提升，保证多条策略方式同时进行，促使信息化教学思维不断创新，鼓励教师和学生在教育学习的开展中积极利用信息化资源，实现教学效率不断提升，促使现代高校信息化的教学需求得到满足。为了推动教学发展，高校教师的第一要务就是提升信息化教学资源利用效率，使之与新的高校教学需求相适应，推动高校综合教育水平不断提升。

4.通过教育技术立项促进信息化教学资源整合

作为一个系统和复杂的过程，资源整合需要教师付出巨大的心血。因此学校可以采取如下措施：逐年通过教育技术立项，以经费资助帮助教师循序渐进地建立不同形式的教学资源，既可以使得到的教学资源合乎规范，又可以促进这些资源实现有效应用。高校要严格把关，对于给予经费支持的项目仔细审查监督。学校在评审验收时要严格按照建设标准，对课程内容的先进性、创新性、实用性、系统性、示范性和科学性等要求予以强调。此过程中也要充分发挥教育技术部门的作用，教育技术部门主要计划教育技术立项，负责的工作主要包括对立项申请进行评审、加强项目的管理与跟踪、中期检查和结题等，使整个资源建设的前进方向不偏离既定要求，促使整个学校的教学资源数量和质量逐步提高。

5.对公共信息资源建立共享专区

多年来，高校教育技术部门积累了一笔宝贵的财富——全校性的教学资源，这些教学资源具有多种多样的存储介质，高校需要对磁性材料记录的音频和视频进行数字化处理，将之刻录成光盘介质实现永久存储，同时还应利用网络平台建立一个专区实现资源共享，再整合并统一存放经过数字化的教学资源。教师可以在该专区方便地下载或点播使用自己认为对教学有用的资源，同时也可以以自己的需要为根据，在个人的信息化教学资源中整合这些资源；共享专区也接受学习者的点播学习。

第三节　信息化背景下多媒体教学技巧

一、信息化背景下多媒体技术发展

在信息化时代，多媒体技术是计算机信息技术领域中最热门、发展速度最快的一项技术，是新时代新兴技术发展和竞争的要点。它的出现打破了时空局限，可以有效增强数据存储和利用。高校课堂教学承载着重要使命，高校有效融合应用多媒体教学，可以全面提升师生信息素养，全面提升教育教学效果。

（一）多媒体技术发展现状

1.多媒体技术组成

媒体主要是指存储传递信息的载体，一种是指能够储存信息的实物体，如磁盘、光盘、U盘、硬盘等；另一种是指能够有效传递信息的载体，如文本、图像、视频、声音等。多媒体是指由两种或两种以上的媒体组成的一种可以提供信息交流和传播的媒体。而多媒体技术，则是指有效合理利用多媒体进行信息采集、处理、传输、应用和管理的技术，具有多类性、合成性、互融性和实时性。当前，多媒体应用关键技术包括：数据压缩技术、数据管理技术、数字水印技术、可视电话、视频会议、多媒体监控等技术。

（1）数据压缩技术

数据压缩技术是指为减少多媒体信息在传输过程中占用的数据量，所采取的一些特殊规定算法和方式，被压缩的数据还可再变换、量化和还原成原来的信号数据，保障信息不走样、不丢失，确保能够正常接收传输的信息内容。这种技术被广泛应用于数字图像、数字音频和数字视频等多媒体信息中。

（2）数据管理技术

数据管理技术是指对数据进行采集、汇总、储存、加工、传播和利用的一系列活动。数据技术经历了人工管理、文件管理、数据库管理三个发展阶段。多媒体数据数量巨大、种类庞杂、关系复杂，需要得到高效快速的存储和管理。

（3）数字水印技术

数字水印技术是指在不影响原始多媒体信息的前提下，将一些不易被人的知觉系统发现的标志性信息（如图片、文字）直接嵌入原始载体信息中。通过这种信息隐藏技术有效保护用户的合法权益。新时期，多媒体技术被广泛应用于教学、医疗、工程、服务、通信等众多领域当中，都取得了显著的应用效果。例如，电子出版物和多媒体著作工具，实现图书馆书籍数字化以及多媒体同步，超媒体与超文本等；基于多媒体数据库的检索，为人们汲取信息、获取知识提供了便利与支持。

2.多媒体教学技术发展迅速

在 2000 年前后，以 PowerPoint 课件播放为主要表现形式的多媒体辅助教学开始起步。以下为常用的教学多媒体软件。

（1）幻灯片演示软件（PowerPoint）

此软件功能包括制作相册、运用模板、图片运动、应用版式、触发器设置、共享演示等，为数不胜数的抽象想法披上了可视化的华丽外衣，让师生之间、学生之间的沟通更加通畅快捷。

（2）可视化多媒体开发工具（Author Ware）

此软件整合了声音、文本、图形、简单动画以及数字电影，主要用途是制作教学软件和网页等，使用过程非常直观、简单，被誉为"多媒体大师"。

（3）动态几何画板（The Geometer's Sketchpad）

此软件最大的特色是"动态性"，可实现"数形结合"，即通过点击、移动图上的点、线、圆等元素，显示原本既定的几何关系。它可以帮助教师随心所欲地编写需要的教学课件，帮助教师实现教学思想。

（4）网页编辑与制作软件（Dreamweaver）

此软件主要用于制作网页与管理网站，是一种网页代码编辑工具，能够支持多种插件，为网页制作和管理增添了强大功能。

（5）矢量图交互式动画（Flash）

此软件是集动画创作与应用程序开发为一体的二维矢量动画软件，由简单的工具和时间线组成，当前最新版本为 Adobe Animate CC2018。

多媒体在课堂教学中应用日益广泛，其具有图文声像并茂的特点，为师生提供了理想的教学体验，可实现优良的教学效果。随着信息化技术高速发展，高校在融合应用多媒体教学的同时，还可以依托丰富的网络资源辅助课堂教学，利用智能终端产品进行互动，采取二维码转换音频、文字，方便学生听读等。

（二）多媒体技术在教学中的应用

1.激发学生学习兴趣

"兴趣是最好的老师。"许多教学内容是抽象的，特别是理科类教学，更需要学生发挥想象，单一传统的教学方式不能给学生丰富的感官刺激。多媒体教学可以通过生动的画面、美妙的音乐、言简意赅的解说，抓住学生的好奇心理，激发学生的求知欲。借助"图、文、声、像"等生动、直观、形象的教学环境，刺激学生的感官，使抽象的教学内容变得具体而清晰，起到事半功倍的效果。

2.再现知识形成过程

通过多媒体动态演示，可生动形象地再现知识的形成过程，将抽象化为具体，把理性化为感性。

3.层层突破教学难点

合理借助多媒体辅助教学，可让一些概念的形成、规律的揭示形象清晰地呈现在学生面前，有效突破教学重难点。

4.提升针对练习效率

利用多媒体，教师可以精心编写一题多变、一题多解的习题，训练、培养学生的联想迁移、发散思维能力；教师可以利用多媒体技术设计不同层次、多种类型的练习，多层次、多角度地利用反馈信息及时对学生给予点拨与评价；教师还可以安排游戏、抢答等形式的练习，让学生在娱乐中巩固所学新知，调动学生的学习主动性，也可提高其学习乐趣，从而优化课堂教学效率。

5.促进自主学习探究

利用多媒体动画演示，教师可促进学生抽象思维与逻辑推理能力的发展，推动学生探究能力与创新能力的形成，让学生变知识学习为体验学习、发现学习，培养学生的创新精神和探究新知的能力。

（三）多媒体教室管理与维护

1.多媒体教室的概念

多媒体教室是多媒体教学的主要场所，其作为工具帮助高校教师开展信息化教学。在多媒体计算机的帮助下，教师将声音、动画、图片、文字等信息进行有序集合并展示给学生，在人机交互操作中实现与学生的互动交流，创造更形象生动直观的教学过程，使学生学习兴趣得到有效激发。

普通教室和多媒体设备有机组合就形成了多媒体教室。计算机系统、音频系统、投影系统、中央控制系统和网络系统这五大系统是组成多媒体教室设备的主体。计算机系统的设备包括主机和显示器，音频系统包括音响设备、功放设备和拾音话筒设备，投影系统包括投影机、投影幕布和交互式电子白板，中央控制器组成中央控制系统，交换机和路由器组成网络系统。多媒体教室有复杂的设备组成，对多媒体教室的管理与维护是一项精细化工程。

2.多媒体教室的管理与维护现状

在院系各自为政、独立规划及经费不足等原因的影响下，高校多媒体教室建设往往难以一次性建成，在建设过程中高校采用招标形式确定承建单位，而不同的承建单位致使多媒体教室存在配置情况各异的设备，多媒体教室设备的系统性和统一性较为匮乏，不利于多媒体教室的管理及设备维护。

由于多媒体教室存在以下问题：散乱的位置分布，不同步的建设周期，不充足的管理人员以及不到位的管理，使高校统一化与协调化管理多媒体教室面临重重困难。

封闭式管理模式和开放式管理模式是高校管理多媒体教室的主要方式。单机型控制模式和网络型控制模式是多媒体教室管理与维护所使用的两种主要技术，以桌面虚拟化技术为基础统一管理与维护多媒体教室是当前最新的管理技术，桌面虚拟化技术主要分为 VDI（Virtual desktop infrastructure）和 VOI（Virtual OS infrastructure）两种模式。多媒体设备主要有以下两种维护模式：外包维修服务公司模式，即学院和维修服务公司签订维保合同，要求公司派驻维护专员全天候维修保养多媒体设备；专职管理员维护模式，即学院安排专职多媒体教室管理员维护设备，将已经损坏的设备返厂维修或更换新设备。

二、信息化背景下多媒体在教学过程中应用技巧

（一）多媒体教学课件的制作技巧

演示多媒体课件是现代教学中常用的手段，制作多媒体课件是教育信息化的一个有效途径和重要手段。教师通过合理选择，将现代教学媒体运用在教学设计中，并有效结合传统教学手段，实现二者对教学过程的共同参与，促使教学过程结构更加合理、教学效果得到优化。下面，本书对多媒体课件的制作与演示的几点技巧进行具体介绍。

1.制作多媒体教学课件时的技巧

（1）文字设置超级链接：在建立目录时利用文字的超级链接设置，可以使目录变得更漂亮。建议不要在超级链接的设置中设置字体的动作，而要针对字所在的边框设置动作。这样既可以使字不带有下划线，又可以使字色摆脱母板影响。具体的操作如下：选中字框，单击右键，选择"动作设置"项，与所要跳转的页面相链接。

（2）设计生动、实用、吸引注意力的屏幕界面：界面作为计算机系统的一部分，主要负责跟人打交道，是计算机系统与用户的接口，与人和计算机都有密切的关系。多媒体课件中设计屏幕界面不仅是一门科学，更是一门艺术。所以要尽量设计出生动、漂亮，实用、操作简单，具有美感、艺术性，有深度而又不失精巧，整体具有一致性的屏幕界面。为了吸引观众的注意力，要将屏幕设计成视觉的中心，促进信息快速准确传递，提高观众兴趣。教学内容还受到界面的色彩美的重要影响，色彩可以在教学中起到提醒和区分的作用，但尽量不要在一屏画面中使用太多的颜色，这会导致观众的注意力分散。全片的色彩要有一个色彩基调，不能单调乏味，主要追求明快、庄重、新鲜的风格，要服务于塑造的形象、创造的意境和表现的主题。教师在制作课件时，不要特别频繁地变换背景，不要大幅度跳跃地变化背景色彩，为使背景图案不再单调可以适当转换背景；应该利用不同的背景图案表现不同的章节，形成强烈的内容与背景的对比，这样才能保证多媒体课件有清晰的文字和鲜明的主题。

（3）将插图和照片添加到单一风格的界面中：主题思想可以借助贴切的图

片得到充分体现，界面的单调感也会被打破，变得更有朝气。比如，如果在看起来索然无味的文字编排中加入图片，就如在平静的水面中丢入一颗石子，一波波的涟漪便产生了。但是为了让观众看清细节，插入的画面必须醒目、简单，不要太小。教师可以利用明暗对比设计出较暗的界面背景，设计出较亮的重要菜单选项或图形，来使内容的地位得到突出。数码相机拍摄、扫描输入、绘图板绘制、屏幕捕捉、素材图片库提取和网络下载等多种途径都可以帮助我们获取图片，同时，在编辑时要注意保持一致的表现效果。多媒体课件中媒体素材的主要来源就是图片扫描，而屏幕展示是展示型多媒体课件的主要用途，所以教师不需要追求过高的图形清晰度，只要满足需要即可。

2.多媒体教学课件的演示技巧

（1）在讲课中使用口语，保持适中节奏。教师应注意讲课时的节奏，由于多媒体教学信息量增大，写板书的时间相对减少，因而教师必须对讲课节奏做出调整，避免速度过快，要保持洪亮、清晰的声音，追求准确表述；教师要追求通俗易懂的讲解，时刻注重容易、简单。抑扬顿挫的语调也是关键因素。教师要使用令学生感到亲切的语言，激发学生的求知欲，加强对学生自主思考问题的引导，避免照本宣科，讲解语言尽可能大众化。为了避免误导或误解，一定要在屏幕上同时出现陌生的专业化词汇。每一堂课中，教师都应当留出一定的提问时间，以便学生更好反馈，推动教学效率提高。

（2）注意对教学进度和教学方法做出适时调整。教师要对学生的注意力和听讲状态多加留意，演示时屏幕上的字幕显示要保持合适的速度，给学生阅读和记录留下足够的时间，在表达文字内容时设定动画，一步步显示，发挥动画控制内容的呈现方式和速度的作用。教师要向学生指出需要记笔记的重点知识，并做适当的标记。

（3）提醒学生关注重点内容。当重要画面没有解说词时，教师要用响亮的语言提醒学生注意或通过极简短的说明，吸引所有的听众的注意力，在播放一些声音和视频图像信息前，教师一定要给予提示，以便增强学生听和看的精力。再者，学生会由于过长的放映时间感觉疲劳，教师将一些欣赏性的图片或背景音乐播放在课间，能起到调节和缓解紧张气氛的作用。或者教师也可以采取另一种方式：使屏幕黑屏或在适当的时机关闭画面。

（二）多媒体教学软件的画面设计技巧

现代教育技术的发展越来越多样化，在教学中，多媒体教学软件的应用越来越普及，教师和学生越来越愿意接受多媒体教学。然而，现阶段，在教学中应用多媒体软件仍然存在一些问题，主要表现在两方面：一方面是很多教学软件的画面设计不合理；另一方面是缺乏一定的理论，无法有效指导教学内容的安排。在这里，本书主要针对制作多媒体教学软件过程中出现的一些问题进行论述。

1.运用心理学规律设计有效画面

感知是学习的第一步。学生首先要感知到教材的画面，才能接收到教材传递的内容。下面本书提供一些心理学规律以供参考。

（1）淡化背景，突出主体

要想主体能够被感知，就要使主体和背景存在一定的反差。这就给画面设计提供了一些思路，教师在进行画面设计时，可以采取一些方法来使主体更加的突出，如可以加大主体与背景在亮度、色彩、色调等方面的反差，加大反差常用的有效方法为简化背景和虚化背景。在讲解教材中重点内容、知识难点、基本概念、原理、规则等内容时，教师可以充分利用多媒体技术中的闪烁和动画等方式来吸引学生的注意力。不仅如此，教师还可以利用多媒体技术对教学内容进行区分，使其主次更加鲜明，避免将教学内容不分主次的全部展现出来，否则容易导致学生注意力分散，不利于教学水平的提升。

（2）色彩感知规律与视觉习惯

色彩对人们的视觉会产生一定的刺激，不同的色彩给人带来不同的视觉刺激强度。具体而言，暖色大于冷色，原色大于补色，其中红色带来的视觉刺激最强。因此，设计多媒体教材画面时需要合理搭配色彩，这样才能使表现内容有主次之分，从而有效增强感知效果。人们观察事物遵循一定的视觉习惯，常常按照左上、左下、右上、右下的顺序进行，教师在设计画面时也可以遵循这一视觉习惯，根据各部分内容的重要程度，依次将其安排在左上、左下、右上、右下的位置。除此之外，为了更加突出内容的重要性，还可以加入一些提示手段，比如标箭头、划底线、加方框、变字体等，以便更好地引起学生的注意。

（3）视觉思维习惯

观看一幅视觉材料须遵循一定的程序，依次为初步整体浏览、细致观察、有选择记忆。对于不同的学习者来说，在执行后两项程序时往往会出现不同的顺序。

这就对画面设计提出了更高的要求，一方面教师要整体把握画面的艺术效果；另一方面要充分调动学习者的学习积极性，激发学习者对画面表现内容深入探究的欲望。为了提升大家的感知一致性，教师在必要情况下也可以控制视觉画面中的某些细节。

（4）视觉材料逼真度

影响学生学习效果的另一个重要因素是视觉材料的逼真度。部分人认为，直观图像越接近原物，逼真度越高，效果越好。然而，从具体的实践来看，逼真度为中等程度，达到的效果才最好。主要原因在于高度逼真的视觉材料中包含过多的细节，容易导致学生注意力的分散，使得他们无法对正常信息进行提取加工。

2.画面内容的表现技巧

（1）友好的交互界面，调动学生积极性

现阶段，我国市面上多媒体教学软件多种多样，但是成功的却寥寥无几，其主要存在以下问题：将课本搬家，现代教育技术的应用局限在传统教学范围内，没有重视培养学生各方面的能力；将教案搬家，仅利用现代教育技术进行演示型教学模式的开发，导致开发的课件不符合学生的认知需求；将教学资源搬家，教师仅仅利用现代教育技术进行教学演示。多媒体教学软件应当具有友好的交互界面，从而调动学生积极性，让他们发自内心地愿意使用。要想设计出友好的交互界面，需要做好以下几个方面的工作：

①菜单的设计。在进行多媒体教学软件的开发时，要做好相关脚本的编写工作。

②按钮的设计。按钮一般应被设计成一副可按下的小图片。图标和按钮的图像发挥着重要的指引作用，例如，表示声音信息可以使用小喇叭图片；表示退出可以使用一扇门的图片；表示返回可以使用一座小房子的图片；等等。

③窗口的设计。优美的窗口设计须满足一定的要求，如窗口版面结构是清晰的，画面图像是美观的，操作是非常便捷的，不仅如此，还应可以进行人机交互等。对于学习者来说，窗口操作要非常容易，利用键盘输入答案，或者利用鼠标选择答案即可。计算机会做出正确与否的反馈，或者将答案显示在另一个窗口里。

④交互图标的设计。交互功能一般来说是所学知识点的扩充或多维相关知识点的散发。教学软件的质量深受交互性能的影响。

⑤超级链接。超级链接的存在有着重要的意义，有利于网页的浏览。但是，实现有效的超级链接是需要前提条件的，也就是说，需要对有关知识点进行明确

的分类，不能任意乱接，否则就会使学生抓不住所学内容的重点。

（2）画面元素的合理安排

在具体的开发过程中，要注意规划画面中以不同方式传递信息的基本元素。对于中文字体来说，宋体和黑体是被广泛使用的，字体的字号要适中，同时选择好背景颜色和字体的颜色，使得阅读观看更加舒适。对于图形图像来说，足够的清晰度是非常重要的，同时在色彩选择上也应该做到清晰、明快、简洁，对颜色进行合理搭配。对于动画的造型来说，首先要做到合乎教学内容的要求，合理运用比喻和夸张，不能过于偏离事实。使用影像是为了更好地突出教学的重点和难点，在实际使用过程中需要注意影像的分辨率不应过大，保持品质适中的画面。影像解说词应准确无误、通俗易懂，同时声音必须与内容一致，不能偏离影像内容。对于内容结构来说，需要合理安排动态区域，一个网页中不能出现太多版块与内容，同时网页长度也要适中，不能过长，三屏以内最佳。同一门课程的网页风格应保持一致，操作界面也应相同。

（三）多媒体教学中视频的运用技巧

1.多媒体教学中常用的文件格式及其特点

（1）AVI 格式

AVI 格式的英文全称为 Audio Video Interleaved，即音频视频交错格式。AVI 视频格式具有显著的优点，如图像质量比较好，跨多个平台也可以使用等。同时，这种视频格式也存在明显的不足，比如体积过于庞大，没有统一的压缩标准，高版本 Windows 媒体播放器播放不了采用早期编码编辑的 AVI 格式视频，而低版本 Windows 媒体播放器又播放不了采用最新编码编辑的 AVI 格式视频。

（2）MPEG 格式

MPEG 格式的英文全称为 Moving Picture Expert Group，即运动图像专家组格式，我们平常见到的 VCD、SVCD、DVD，都属于这种格式。这种文件格式采用了运动图像压缩算法的国际标准，也就是有损压缩方法，这种方法能够有效减少运动图像中的冗余信息。现阶段，MPEG 格式具备 MPEG-1、MPEG-2、和 MPEG-4 三个压缩标准，与此同时，正在研发的是 MPEG-7 与 MPEG-21。

MPEG-1：制定于 1992 年，这种压缩标准主要针对的是 1.5 Mbps 以下数据传输率的数字存储媒体运动图像及其伴音编码，通俗来讲就是我们通常所见到的 VCD 制作格式。

MPEG-2：制定于 1994 年，这种压缩标准的设计是为了追求高级工业标准的图像质量以及更高的传输率。通常情况下，DVD/SVCD 的制作（压缩）方面较多地采用这种格式，此外，在一些数码摄像机和视频编辑、处理上面，也会应用这种方式。

MPEG-4：制定于 1998 年，这种压缩标准的设计目标是播放流式媒体的高质量视频。MPEG-4 采用了很窄的宽度，充分利用帧重建技术进行压缩和传输数据，以此来获取更好地图像质量。这种压缩方式能够保存接近于 DVD 画质的小体积视频文件，这也是 MPEG-4 格式最显著的优势。

（3）WMV 格式

WMV 格式英文全称为 Windows Media Video，这种格式是微软推出的一种采用独立编码方式，这种文件压缩格式可以被传到网络平台，让师生直接在网上实时观看视频节目。获得 Windows 平台的良好支持是 WMV 格式最显著的优势。

（4）RM 和 RMVB 格式

Networks 公司制定的音频视频压缩规范就是 RM，英文全称为 Real Media。对用户来说，可以使用 Real Player 或 Real One Player 对符合 Real Media 技术规范的网络音频、视频资源进行实况转播。不仅如此，利用 Real Media 格式还可以制定出不同的压缩比率，在低速率的网络上也能进行影像数据实时传送和播放。RMVB 视频格式不同于 RM 格式，原先 RM 格式是一种平均压缩采样的方式，而RMVB 视频格式在保证平均压缩比的基础上，充分利用比特率资源，针对静止和动作场面少的画面场景采用较低的编码速率，使得带宽空间更充足，在出现快速运动的画面场景时这些带宽就会被利用起来。这种格式在很大程度上提升了画面的质感。

（5）MOV 格式

这种视频格式是由美国 Apple 公司开发，苹果的 Quick Time Player 是其默认的播放器。MOV 格式具有很多特点，如较高的压缩比率和较完美的视频清晰度等，其中跨平台性是其最显著的特点，既可以支持 Mac OS，也能支持 Windows 系列。

2.多媒体教学中视频的使用方法

（1）直接播放本机或移动存储媒体中的视频

课堂教学根据教学内容的需要，可以直接播放特定内容的视频片段，或者视频教学片。教师在教学过程中可以随意控制视频的播放，通过播放软件的功能暂停或是切换教学课件，一边播放一边讲解。

（2）通过校内视频点播或视频点播网站进行视频点播

通过网络视频点播，播放教学所需的教学录像。教师需要提前准备好相关的教学录像，再将录像上传到校内视频点播服务器，也可以在网络上直接搜索相关的教学内容的视频。教师在教学过程中根据教学内容的需要打开视频点播网站，播放视频。这种方法对教室有一定的要求，要求教室内计算机必须能够上网，并且保持网络通畅。

（3）通过课件插入所需视频播放视频

教学过程中，教师最常用的一种方法就是在课件中插入教学视频。根据教学的具体内容，教师提前编辑和处理相关的教学视频，并将教学视频插入课件中。这种方法具有显著的优点，即使用方便，但是也有明显的不足，即不能随意控制播放进度，同时插入的视频片段比较小，内容比较单一。

第四章　信息化背景下高校教学模式创新的实践

本章对信息化背景下的高校教学的创新模式进行介绍，先分别介绍了信息化背景下常见的高校翻转课堂和慕课两种教学模式的情况，之后又介绍了一些其他创新教学模式进行补充，供读者参考。

第一节　信息化背景下高校翻转课堂教学模式

一、翻转课堂概述

（一）翻转课堂的起源与内涵

1.翻转课堂的起源

19 世纪中期，美国西点军校的西尔瓦努斯·泰勒将军要求学生在教师开展课堂教学之前，先利用教师发放的学习资料进行自学，然后在课堂教学上组织开展小组协作学习，引导学生进行批判性思考。这种教学形式已然具备了"翻转课堂"的雏形，但并未得到广泛传播。

2000 年，格伦和莫林以及美国迈阿密大学打破了原有教学观念的束缚，积极引入新型授课模式来讲授《经济学入门》这门课程。具体来说，首先他们将教学内容作为主要依据来制作讲解视频，并要求学生借助实验室、家中等地的网络平台浏览这些视频自主进行学习，并且在课堂上让学生以小组为单位进行作业练习。尽管人们不曾为此种教学模式提出明确的概念，但从这种教学模式的形式和环节来分析，它初步体现了"翻转课堂"的形态。

随后，莫林·拉赫和格伦·普拉特分别在《经济学教育杂志》上发表了自己关于"翻转课堂"教学实践的文章。随着诸位学者探索活动的不断深入，"翻转课堂"的概念也变得越来越明确、清晰。

2007年，亚伦和乔纳森进行了翻转课堂教学实践活动。这两位化学老师由于需要为缺课的学生进行补习，便开始尝试将试题讲解过程录制在屏幕录像软件中，并将其制作成视频发布到网上，以便学生随时随地观看、学习。

同时，他们试着将这种教学方式引入课堂练习中，即先让学生在家利用视频进行学习，然后在上课时写练习题，并根据学生课堂作业的完成情况，及时对学生遇到的疑难进行解答，这种教学模式备受学生与教师的青睐。为了扩大翻转课堂教学模式的影响力，鼓励教师打破传统的教学模式，从而更好地采用翻转课堂的教学理念与教学模式，他们决定举办"翻转课堂开放日"。

林地公园高中于2012年1月举办了翻转课堂开放日，这两位老师对新型教学模式的演示吸引了许多教育工作者的注意，这项活动有效地促进了翻转课堂教学模式的推广，并且全面展现了学生的学习状态和教学情况。

毫无疑问的是，对于翻转课堂的形式与发展而言，亚伦和乔恩的努力功不可没，因为他们的实践使翻转课堂有了实际的意义，受到了越来越多师生的青睐。但是我国并没有因此大范围推广、应用翻转课堂教学模式。国内开始实施该模式是由于开放教育资源（Open Educational Resources，OER）运动的开展。当时涌现了许多高质量的教学资源，如TED-Ed视频、可汗学院微视频和耶鲁公开课等都提供了珍贵的资源支持，有利于翻转课堂的应用和推广，有力地促进了课堂教学的有序开展和教学质量的逐步提升。

2011年，我国某中学开始对翻转课堂教学模式展开深入探讨，经过漫长的实践研究，该中学总结出了"课前四步"和"课中五环"的结论。

（1）课前四步。主要是指教师应该在上课前做好相应的教学准备，通常包括设计导学案、制订学生自主学习计划、录制教学视频，以及制订个别学生的辅导计划。

（2）课中五环。主要是指教师应在教学过程中与学生达成合作探究目标、布置相关知识的巩固练习、进行知识拓展、帮助学生解决困难、引导学生做好总结和反思。

2.翻转课堂的内涵

翻转课堂是一种教学中的术语，它是由英语翻译过来的，它的英语写作"Flipped Class Model"。翻转课堂是一种教学模式，它有很多种叫法，如颠倒课堂、翻转学习、翻转教学等。

翻转课堂与传统课堂不同，它是一种创新的教学模式。在传统课堂上，往往是教师进行知识讲解，学生在座位上认真听讲即可，课外学生主要是完成作业练习。但是在翻转课堂教学模式中，教师并不在课堂上进行知识讲解。教师首先要自己根据教学内容创建好教学视频，然后学生利用课下的时间观看视频进行知识学习。然后在课堂上，教师与学生进行互动交流，为学生答疑解惑，通过学生与学生、学生与教师之间的交流合作，以及学生们对知识的练习实践，加深学生对知识的理解，巩固记忆。同时教师还指导学生如何对知识进行实际运用，完成知识的习得，提高教学的效率。

因此，翻转课堂的含义是：教师创建教学视频，学生在课外进行观看学习，在课堂上教师与学生互相交流谈论，分析见解，解决问题，同时学生还要完成作业练习。

我们可以通过乔纳森·贝格曼和亚伦·萨姆斯下面的问答来更清楚地了解翻转课堂的含义。

（1）翻转课堂不是什么

翻转课堂不是在线视频，二者并不完全相同。翻转课堂虽然也是通过视频的形式来使学生们了解知识，但是除此之外，它还有课堂上的互动交流与作业练习，有很多学习活动是由教师与学生共同发起的。

①翻转课堂不是学生孤立地进行学习。

②翻转课堂不是视频取代教师。

③翻转课堂不是学生进行无序地学习。

④翻转课堂不是让整个班的学生都盯着电脑屏幕。

⑤翻转课堂不是在线课程。

（2）翻转课堂是什么

它是一种教学模式，是一种手段，用来增加师生之间的互动交流。

教师的地位发生了改变，不再是讲台上的传授者，而是课堂上的参与者。

①翻转课堂是学生的个性化教育的课堂。

②翻转课堂是一种学生自主学习的环境。

③翻转课堂是课堂知识能够永久存储的手段，便于学生之后复习。

④翻转课堂是建构主义与直接讲解的混合。

⑤翻转课堂是缺席的学生也能够学习新知识的教学方式。

⑥翻转课堂是学生们更加积极学习的课堂模式。

（二）翻转课堂的特征

1.教师角色发生转变

首先，教师的角色发生了转变。在之前传统课堂上，教师是课堂的主宰，是知识的传授者。而在翻转课堂教学模式中，教师是学习的促进者和指导者，教师与学生在交流互动中学习。这种转变，使得学生的主体性得到了充分的尊重和体现，同时还加强了教师的主导地位。在课堂学习活动中，教师可以基于多种情况来展开各种组织策略，如小组学习、角色扮演、游戏活动等。其次，教师还由之前内容的传递者变成了现在教学资源的开发者、设计者以及提供者。在上课之前，教师向学生提供一些学习资源，如自己录制的教学视频、网络教学资源等，使学生充分了解知识内容。在课堂上，通过互动交流，教师可以获得反馈，帮助学生解决各种问题。

2.学生角色发生转变

在翻转教学课堂中，学生的角色也发生了转变，他们由之前传统教学模式下的倾听者、接受者，变成了学习的主角。由于在上课之前教师就已经分发了教学内容的资源，学生可以自己控制学习的时间、地点、学习量等，他们的主体作用得到了极大的尊重。在上课之前，学生进行自主学习，不断了解新知识新内容。在课堂上，教师与学生之间交流互动，能够巩固学生所学的新知识，优化知识结构，便于学生理解和吸收。学习较快的学生可以帮助那些学习较慢的学生，因此，学生也承担了一点"教"的角色，由完全的知识消费者变成了知识的生产者。

3.课堂时间的重新分配

翻转课堂教学模式还有一个比较核心的特点，就是它对课堂上教师的讲授时间进行缩短，将更多的时间留给学生进行学习活动。在翻转课堂上的这些学习活动，主要是现实生活中的情境与教学知识的结合。学生在课堂上进行互动交流，能够促进学生之间交互协作能力的提升。而且，翻转课堂中的互动交流还能够增强学生们对于知识的理解。对于教师来说，在进行基于绩效的教学评价之时，课堂上的交互性也是十分重要的。通过教师的反馈评价，学生也能够更加准确客观地了解自己，有助于在课余时间进行自主性学习。

在学习活动中，时间是最重要的要素。想要提高学习成绩，学生们必须要有充足的学习时间，同时进行高效率的学习。在翻转课堂中，教师提前让学生预习了解新知识，延长了课堂上教与学的时间。最重要的是，通过对课堂时间的充分利用，教学效率也得到有效提升。

4."翻转"增加了学习中的互动

在进入课堂之前，学生们就已经了解了课堂所学的知识与内容。因此，在课堂上，学生通过提问、讨论交流等方式与教师、其他学生进行交流，增加了更多互动，而且学生也能够更积极地参与到互动中来。如此，翻转课堂不仅能够增强交互性，还提升了学生的主人翁意识。

（三）翻转课堂的基本流程

第一，教师根据教学内容进行视频制作，并且组织相关练习，然后将其上传至网络学习平台。

第二，在网络教学平台上，学生打开教学视频进行自主学习，了解当前学习的知识和内容，在新知识学习完成之后，进行练习，巩固新知。

第三，在课堂上，学生提出问题，教师进行答疑解惑，师生互相交流，然后学生在课堂上完成作业，进行操作练习。

第四，教师针对学生的练习情况进行反馈评价。

（四）翻转课堂体现的现代教育理念

1.注重学生主体性的学生观

在对学生进行教育教学时，教师一定要注重学生的主体性。学生有自学能力，他们能够自我学习，他们是自我学习的主人。教师要鼓励学生的积极性，促进其不断发挥自己的主观能动性。要想实现真正意义上的教育，就必须让个体实现自我教育，只有这样，他们才能体会到自我价值的实现。因此，教师要发挥学生的主观能动性，促进其不断自主学习。

2.学生自主学习、合作学习、探究学习的学习观

现代学习观认为学生本身具有主观能动性，能够自我进行发展学习，探究学习。它十分注重学生的自主学习、合作学习、探究学习能力。

在翻转课堂的教学模式中，学生很好地实现了现代学习观中的自主学习、探

究学习、合作学习。在课堂进行之前，学生观看教学视频了解新知识、新内容，这展示并锻炼了学生的自主学习能力。在课堂上，学生与教师交流互动，学生之间互相交流协作完成练习，这体现并锻炼了学生的合作学习的能力。在整个翻转课堂教学模式中，这两个学习阶段充分展现并锻炼了学生借助问题进行探究学习的能力。

3.新型因材施教、分层教学的教学观

在对学生进行教育时，教师要根据不同学生的现状与潜能进行因材施教。其中新型因材施教的观点旨在促进学生不断发展，挖掘其潜能。它以学生的现有发展水平作为基本点，重点关注学生的未来发展水平。

不同的学生具有不同的性格、不同的思维方式、不同的发展水平，因此，教师要关注每一个学生，着重观察他们的个体差异，进行分层教学。

在翻转课堂准备阶段，教师要考虑学生的差异性，然后据此进行课件以及视频的制作。在课堂上进行合作交流等教学活动时，教师也要考虑不同学生的差异。因此，在翻转课堂教学模式中，它充分展现了新型因材施教、分层教学的教学观。这有助于学生更好地学习、发展，同时也有利于教师探究不同学生的各种可能性。

4."独立性与依赖性相统一"的心理发展观

学生具有依赖性和独立性，其中依赖性是指在教学过程中学生仍然是以教师作为主导，而独立性是指在教学过程中学生起到主体作用。学生的独立性和依赖性都是根据他们自身的心理生理特点来说的。

在翻转课堂的新教学模式中，学生课前预习知识展示了其独立性，而在课堂上，教师组织教学活动，这体现了教师的主导作用。因此可以说翻转课堂教学模式体现了学生的独立性和依赖性。

二、翻转课堂的教学模式构建

（一）翻转课堂的教学定位目标

每一个学生是不同的，在教学过程中教师不能扼杀学生们的独特性和创造性，而是要不断地发展它。在教学过程中，教师要帮助学生、关爱学生，尊重他们的差异。让每个人成为最好的自己就是翻转课堂的目标。

1.课堂的现状与问题

随着历史的发展，课堂也在不断发展。它是与不同的历史阶段相配的，具有一定的合理性。随着当今社会不断向前发展，加之人们对于教育的要求不断提高，传统的课堂已经不能适应当今社会的发展需求了。目前，它存在的主要问题如图4-1-1 所示。

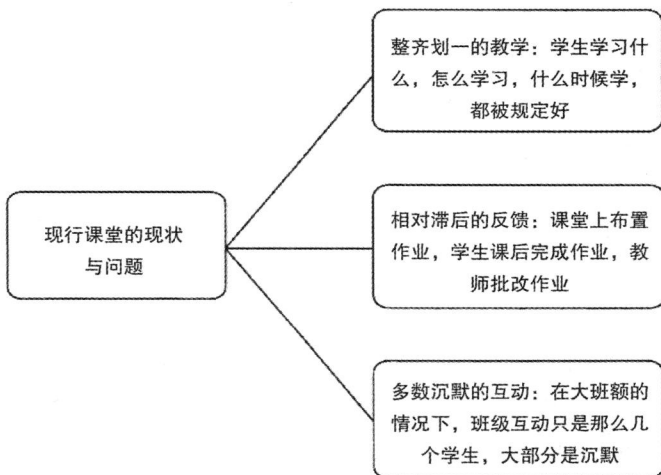

图 4-1-1　现行课堂的现状与问题

2.让每个学生成为最好的自己

在翻转课堂中，学生在课外学习新知识，在课堂上与教师进行互动答疑，这种方式对于学生来说比较公平。因为，不同的学生对于学习内容的理解时间是不同的，具有差异性，如果教师在课堂上对新知识进行讲述，可能会造成某些同学无法听懂的情况。而"先教后学"的方式使得不同的学生都能够掌握新知识，这也增强了他们的积极性和参与性，有助于他们找回自信，成为更好的自己。

另外，通过及时的反馈，教师能够加强解决问题的针对性，对遇到的问题及时地解决，而不是滞后解决。对于一些学习较慢的学生，教师可以对其进行一些课后辅导来使其跟上教学进度，或者也可以通过数据分析找出其落后的原因，从而解决问题。学生也可以在网上选取不同的教师的教学视频进行观看，选择适合自己的教学方式。

（二）翻转课堂的教学工具

翻转课堂所涉及的教学工具包括网络平台、教学资源、学习终端等。

1.翻转课堂的网络平台

目前，各大高校纷纷组织实施翻转课堂，这是因为无论是老师与学生之间，还是学生与学生之间都可以通过翻转课堂的网络平台很方便地进行交流。翻转课堂的网络平台除了为师生提供交流的场所，还有很多其他功能，包括自主学习、练习检测和交流互动等。

2.翻转课堂的教学资源

在翻转课堂的教学过程中，教学资源是非常重要的一个教学工具，其为翻转课堂的组织实施提供内容基础。因此，教学资源是立足课程标准的基础上，围绕知识点这一中心展开的相关课程资源，组成翻转课堂的教学资源的主要有微课、学习任务单和进阶练习。

（1）微课

微课，顾名思义就是比较短小的课程，一般是以视频的形式呈现，且视频比较短小，通常为 10 分钟左右。正因为时长短小，因此教师在进行微课的课程内容设置的时候，要格外注意如下问题：知识点单一、定义要严格。通常而言，微课的作用主要是向学生介绍知识点的核心概念或内容，也有的微课课程会对相关知识点进行方法演示或者应用讲解等。

（2）学习任务单

学习任务单的设置是为了让每个学生能够根据自己的实际情况，按照自己的步骤进行学习，从而保障自主学习的效果。学习任务单的呈现方式主要为表单的形式，主要包括学习任务和配套学习资源两个方面。

①学习任务

学习任务主要可以分为整体把握和具体把握两种要求。其中，整体把握就是指让学生对学习内容进行整体性把握，这需要学生在自主学习过程中，梳理学习内容的结构，把握学习内容的纲领。而具体把握是指学生对具体知识的把握。具体把握一般以提问的形式出现，值得注意的是，问题设计的关键是能突出教学的重点和难点以及其他知识点。这是因为，在以问题为导向的自主学习中，只有在问题中将教学的重点、难点以及其他知识点进行突出，才能使得学生在解决问题的同时，能对教学内容的难点、重点以及其他知识点进行具体把握，从而培养学生解决问题的能力以及推理能力。

②配套学习资源

配套学习资源就是为帮助学生实现学习目标而创设的情境。之所以要为学生创设情境，是因为在情境中学生能够更好地探究和处理所遇到的问题，从而最终实现对教学内容难点和重点的掌握。

（3）进阶练习

进阶练习本质上是一个检测系统。进阶练习内容的设置一般以标准测试为基础，其检测系统的设置类似游戏通关。具体来讲，通常学生在进行视频教程学习之后，便会随之完成相应的练习，如果没有通过练习题的检测，学生将无法进入下一个单元课程的学习。在线检测的设置，实际上是为了确保学生在掌握了课程基本能力要求之后，再进行下一单元的课程的学习，如此循序渐进，避免学生在学习完整个课程后，还不能掌握基本的知识技能。在线检测系统中练习题的设置一般包括三种题型，即概念辨析、熟练练习和应用拓展。

3.翻转课堂的学习终端

翻转课堂的学习终端是指电子计算机及其他移动网络设备，如手机、平板电脑、笔记本、台式计算机等。学习终端的功能随着科学技术的飞速发展也在不断增强。下面我们介绍几种常见的学习终端设备。

（1）电子书包

电子书包并不是实际意义上的书包，而是指一种应用于信息化教育的电子设备，旨在提高家庭和学校配合效率。在电子书包系统中学生可以设置账号，还可以为家长、学生、老师等分配不同的账号。举个例子，对于教师来说，其可以在电子书包系统中进行班级管理、考勤管理，以及为学生发布作业等；对于家长来说，在电子书包中有家校沟通功能，家长可以利用这一功能，对学生的学习信息进行了解；对于学生来说，他们可以享受多种数字化教育资源、老师的网络辅导、同学的在线互助等，因此可以说电子书包是学生学习和生活的信息助手。

（2）平板电脑

平板电脑的特点是外形小，是一种便携式个人电脑。平板电脑没有键盘，使用触屏作为基本输入方法，正是因为平板电脑的便携式特点，很多学校在组织实施翻转课堂的时候会选择这种设备。学生在上课过程中，可以通过手写识别、屏幕上的软键盘、语音识别等实现输入。

（3）云计算机教室

传统的计算机教室一般都是单独占用一个教室，教室内摆放几十台，甚至上百台计算机，其中硬件成本和维修、管理成本是学校的一大开支。而云计算机只是一个终端，通过网络连接在服务器上，所以，与传统计算机相比，云计算机在开机和运行速度、管理效率、节能降耗方面有着显著的优势。云计算机教室与传统计算机教室相比，在建设方面能够大大降低成本，不仅如此，云计算机还能通过后期软件升级来替代一次性投入的硬件成本和隐性维修成本，另外云计算机使用的电力成本也会比传统的计算机教室节省大约 80%。

（4）移动式网络教室

移动式网络教室，顾名思义，是一个可以移动的网络教室，通常情况下，一个可以推动的大柜子便是移动式网络教室的基本配置，在这个大柜子中，WiFi 天线、学生用的计算机与服务器被整合在一起。相较于传统的计算机教室，移动式网络教室最明显的特点就是可以根据需要，移动到任何需要此设备的普通教室中，快速组成一个用于翻转课堂教学的网络教室。

（三）翻转课堂的教学步骤

1.课前准备阶段

（1）教师活动

①分析教学目标

在大众的印象中，一提到翻转课堂，大家首先想到的就是制作教学视频。实际上，翻转课堂也确实是通过教学视频来引导学生对知识进行学习的。但是，制作教学视频并不是翻转课堂的第一步，在制作教学视频之前，我们还应该对教学目标进行分析。这里所说的教学目标是指教师在教学过程中所获得的预期效果。事实上，对于任何教学而言，最重要的都是明确教学目标。只有在明确教学目标的前提下进行教学，才能使教师在教学过程中有针对性地采取相应的教学方法。在组织实施翻转课堂之前先进行教学目标的分析，除了能够帮助教师了解适合通过视频向学生传授的知识类型，也可以帮助教师分析哪些内容适合课堂教学，通过师生之间的合作与探索，达到最佳的教学效果。明确教学目标，可以在一定程度上避免教学目标的盲目性。

②制作教学视频

翻转课堂是通过视频来传递知识的，教师不仅可以自己录制教学视频，也可以借鉴其他教师制作的教学视频或网上优秀的教学视频。在翻转课堂教学模式中，教学视频的制作是一项重要的组成部分。制作教学视频需要按照一定的步骤，具体主要包括以下几种：

第一，做好课程安排。如前所述，在制作教学视频之前教师要对教学目标进行明确，因此教学视频的制作要从教学目标出发，并且还要确定视频是不是实现课堂教育目标的合适工具。如果教学内容不适合通过视频来讲授，那么教师就不要制作教学视频，避免为了实施翻转课堂而去使用视频。因为翻转课堂的实施并不只有制作教学视频一种途径。

第二，做好视频录制。当确定教学内容适合制作教学视频之后，教师就进入了视频录制阶段。在这个阶段，教师要充分考虑学生的想法，因为视频的录制是为了让实现学生对教学内容的学习，换句话说视频的录制是以学生学习为目的的。唯有充分考虑学生想法后制作出视频，才能适应不同学生的学习的方法和习惯。值得注意的是，为了保证学生通过视频进行学习时不会受到噪声干扰，教师在录制教学视频的时候，必须选择一个安静的地方。

③做好视频编辑

在教学视频录制成功之后，教师会将教学视频发给学生，供其学习，因此，在发布视频之前，教师要对视频做好编辑工作，纠正视频中的错误，避免学生获得的视频存在错误。

（2）学生活动

①观看教学视频

通过教学视频，教师向学生传授教学内容，一方面能够节省课堂时间；另一方面，对于学生来说，由于他们存在学习能力强弱的差别，通过观看教学视频进行学习，不仅能够使学习能力强的学生获得足够的学习知识，还能使学习能力弱的学生不再为课堂上跟不上教师的节奏而担心，因为学生在课下可以根据自己的需要进行课程的学习，在学习过程中，学生还可以随时暂停视频讲解，自己进行知识的消化。除此之外，学生在进行教学视频的学习中，还可以将自己不懂的地方标记出来，在课堂上进行提问。如此，不同程度的学生都能按照自己的步调进行课程的学习。

②做适量练习

在看完教学视频之后，为了巩固和检测自己学到的知识点，学生还要完成教师布置的课堂练习。教师在进行练习题的设置时，要注意与教学视频中讲的知识相适应，这样才能起到巩固学生所学知识的作用。

2.课中教学活动设计阶段

（1）确定问题，交流解疑

人生活在社会中，不可能脱离社会，因此人与人之间是通过交流来共同学习、共同发展的。在课堂上也是如此，只有依靠交流才能更好地、更有效地实现教学目标。然而，在传统的课堂教学中，教师占主导地位，教师在课堂上教，学生在接受知识的时候处于一种被动灌输的状态，教师和学生的地位是不平等的。在课堂中，如果想要实现教师和学生之间的真正交流，就需要营造一种融洽的环境。

由于每个人的知识结构和看问题的角度有所不同，因此学生在观看教学视频的时候，往往会有不同的见解。这些不同的想法造成了学生之间的认知失衡，进而导致学生产生新的认知结构。因此，教师在学生观看教学视频并产生疑惑的时候，要与学生展开讨论，使视频成为一种师生交往的学习资源。

（2）独立探索，完成作业

在传统课堂上，教师占主导地位，学生则是在教师的主导下进行学习。不仅如此，教师在课堂教学中，往往花费大量时间进行知识讲授，学生则在课下机械性地完成教师布置的作业，这在很大程度上压制了学生的探索精神。

翻转课堂的实施可以为学生提供一个个性化的学习环境，在这个环境中学生需要独立完成教师布置的作业或者科学实验。在此过程中，学生能够审视自己对知识的理解和掌握程度。教师在学生独立完成作业的过程中，可以适当进行指导，但是当学生具备独立解决问题的能力的时候，教师要适时"放手"，让学生独立去完成。

（3）合作交流，深度内化

当学生学习是为了满足自身需要的时候，就会变"要我学"为"我要学"，也才能真正成为学习的主人。在这个阶段，教师也不再单纯是传统意义上的知识传授者，还是学生学习的引导者和促进者。合作学习这一学习方式，就是为满足学生自身需求而产生的一种学习方式。对于翻转课堂来说，真正的合作学习既包括教师与学生之间合作学习，也包括学生与学生之间的合作学习。只有师生之间、生生之间不断合作交流，并且在交流中深化各自的知识结构，才能真正实现实施翻转课堂的教学目的。

（4）成果展示，分享交流

在学生独立完成探索和合作交流之后，会对个人或者和小组作业进行完成。教师需要组织报告会、辩论赛或小型比赛等活动，让学生与学生之间进行学习心得的交流。在展示成果的这个阶段，教师要对学生的作品进行点评，以帮助学生获得更加深入的理解。

在展示成果的环节，教师不仅要鼓励学生进行课堂展示，还可以让学生通过微视频的方式将自己的汇报上传到网络交流区，和广大师生进行交流与讨论。视频制作的好坏并不会决定翻转课堂教学的成败，而其成败主要取决于课堂学习活动的设计。翻转课堂教学模式的关键在于改变教师主宰课堂的局面，使学生成为学习的主人。

（四）翻转课堂的教学评价

尽管翻转课堂不断发展，推动学生综合素质发展的评价体系却并未与教师教学的评价体系同步革新，即便翻转课堂存在教学评价系统，也只是基于教师在实践过程中的观察所做的定性评价，缺乏对相应量数据进行收集和考核，这就导致翻转课堂在实际应用中出现一些问题：评价方式单一；缺乏科学有效的反馈机制；不能体现出个性化学习特点等。这些问题使得翻转课堂未能真正发挥其应有的作用，因此，这种评价落后于现实的局面亟须得到转变。

翻转课堂教学评价作为教育领域中一个复杂的人工系统，其沿用了通用的教育评价方式。在评价手段上，翻转课堂要把测量、统计和系统分析的方法和技术结合起来，构成一个既进行定量分析也进行定性分析的综合分析判断。

1.评价对象与目的

评价对象既可包括翻转课堂参与主体，如教师、学生、学生管理人员以及家长等，也可包括实验过程中出现的各种现象和活动，如实施方案、自主学习任务单、配套学习资源和微课视频等，同时也可包括课堂教学活动及流程，教学效果，配套政策及规章制度等。

翻转课堂旨在推动教学方式的创新、推动教师教学方法的变革、推动学生整体素质的提高，进而改善教学质量和教学效果。但是，由于当前缺乏对翻转课堂教学模式及其特点的系统研究，实践中出现了诸多问题。如何解决这些问题，使翻转课堂在教学改革进程中发挥更大作用？这是需要我们认真思考和回答的一个重要课题。为达到这一目的，评价者既要客观地进行评价，又要帮助被评者对实验中所遭遇的困惑和瓶颈进行诊断，一起探讨如何调整教学策略和选择能解决棘手问题的行为决策。

2.教学评价的功能

教学评价就是系统地收集学生发展和教师发展的教育教学信息，并将这些信息根据数据统计和质性研究方法进行评价，以此来评判翻转课堂教学实验是否具有价值。翻转课堂评价一定要实事求是，体现评价对象真正价值，使其符合规律和宗旨。

3.教学评价与教学测量

翻转课堂教学评价过程是指依据翻转课堂教学评价体系所拟定的各项指标，以数值等事实对教学所体现的事物属性权重进行刻画。其采用层次分析法确定了各个评价因素之间的权重关系，通过实例验证了方法的有效性和可行性，将教学测量的理念引用到评估过程之中。

三、翻转课堂教学模式实施中的注意要素

（一）学生的习惯需要改变

在传统授课方式影响下，国内学生对上课时进行讨论和自主探索可能不太适应。而将翻转课堂引入教学中也是为了解决这一问题。因此，如果要将翻转课堂教学模式引入到国内，教师必须建构学习支持系统，在激发学生学习动机和高效地组织学习活动这两个方面多下些功夫，以降低学生对翻转课堂的抵触心理。

目前，许多学生和家长都已经习惯了"课堂讲授"的授课方式，这也使部分学生和家长对翻转课堂的教学模式产生质疑。鉴于翻转课堂带来的诸多好处，相信经过一段时间的适应之后，这个问题将会迎刃而解。

（二）需要教师对课外自主学习阶段进行控制

众所周知，翻转课堂这种教学模式就是在课前通过教学视频来教授学生知识。这种模式在很多学校已经被应用到了教学活动之中，并取得了很好的教学效果。可以说，所有移动终端都能够帮助学生完成教学视频的学习，但也不排除某些无法回避的问题。例如，当学生正在进行课堂活动时，他们可能会用移动终端观看电视、电影和其他与学习无关的视频。这一行为对学生在课前自主学习知识是十分不利的。传统课堂教学虽然也无法回避干扰问题，但起码教师能用评估系统来监测学生的学习情况。

如果在课前学生并没有对教学视频中的内容进行充分的理解，甚至可能根本就没有观看教学视频，将非常不利于课堂上教学活动的开展。如果学生长期处于准备不充分的状态下，甚至会对课堂内很多活动的开展产生极其严重的负面影响。

（三）学生自学能力和协作能力需要增强

随着信息社会的到来，不断有新知识涌现出来，并且以很快的速度进行更新，这就要求我们不断地进行学习，对于学生而言自然更应如此。所以，在这个终身

学习的时代，对于学生来说，超强的自主学习能力是其应该具备的一种重要素养。

与此同时，在学习过程当中，学生也难免会遇到一些依靠自己的力量无法解决的、难度比较大的任务或者问题，这就需要向其他同学或者老师寻求一定的帮助，从而协商和解决问题，因此，学生应当具备很强的协作能力。

翻转课堂的一个重要环节就是课前知识的学习，而这一环节恰恰是需要学生自己来完成的，这就需要学生具备很强的自学能力，这将直接关系到学生对基础知识的掌握。

由于大部分学生对传统的教学方式已经比较习惯，对于教师的课堂讲授已经产生了一定的依赖，所以很多学生的自学能力和意识难以得到培养。所以，使翻转课堂产生良好教学效果的一项重大举措，就是要在实施翻转课堂之前弄清楚如何创造有利条件来帮助学生自学，如何提高学生的自学能力，以及如何培养学生的自学意识。

（四）教师课堂把控能力要提高

翻转课堂教学模式中，尽管教师传授知识的作用受到一定程度的削弱，但是其对教师学情分析能力、辅导能力和把控课堂能力的要求明显增强。

翻转课堂下，课堂学习活动成为促进学生认识水平提高的一个重要途径。而教师负责组织学习活动，学生参与学习活动的积极性成效如何，某种程度上取决于组织者把控能力的强弱。所以，为了促使学习活动高效进行和学习效果得到改善，教师需要想方设法地提高课堂把控能力。

第二节　信息化背景下高校慕课教学模式

一、慕课概述

（一）慕课的起源与发展

MOOC（慕课）是英文"Massive Open Online Course"的首字母缩写，直译为大规模的开放在线课程。通过对慕课这一概念的分析可知，"大规模"意味着有大量学习者参与到学习中来。每门慕课的注册学习者有几千人甚至几万人，其中有来自各行业不同年龄的人。在我国，"慕课"的定义由教育部正式发布的《中国高等教育发展报告（2011）》明确提出。这么大的教育活动在这之前还从未有过。慕课的"大规模"，不仅意味着学习者人数众多，也意味着有较多教师加入教学。

所谓"开放"，就是慕课学习是不受限制的开放教育。作为这些年来全球范围内"开放教育资源"（Open Educational Resource）运动的延续，慕课在开放教育潮流中占有举足轻重的地位。慕课的诞生，方便了学习者们的日常学习，只要学习者具备上网的条件，可以在任何时间进行线上的慕课学习。

"在线"是指学习资源和信息通过网络为人们共享，学习活动发生在网络环境下。

"课程"是指开放教育的形式是课程，是教与学的整体活动。

慕课的历史虽然不长，但孕育和发展的过程并不短，其是经过了漫长积累而形成的。慕课的诞生确切地说可以追溯到20世纪60年代。1962年美国发明家、知识创新者格拉斯·恩格尔巴特提出了一个研究计划，呼吁人们把计算机技术当作改革"破碎教育系统"的工具运用到学习过程中。此后类似工作不断开展。今天，慕课已经成为全球教育领域中一股不可忽视的力量，它对传统高等教育产生了巨大影响，甚至可以说，它正在改变着我们未来的教学形态与教学模式。

2008年，加拿大爱德华王子岛大学网络传播创新总监戴维·柯米尔和美国国家人文教学技术应用研究院资深研究员布莱恩·亚历山大共同提出了慕课概念。

同年9月，加拿大学者乔治·西蒙斯（George Siemens）和斯蒂芬·唐斯（Stephen Downes）推出首门慕课《连通主义和关联知识》（Connectivism and Connective Knowledge Online Course，CCKOC），共有25位曼尼托巴大学学生（付费）和2300余名来自世界各国的学生（免费）在网上参加该课。该课程不拘一格，不仅汲取了维利开放内容与学习者参与理念，还吸收了克洛斯开放教学与集体智慧的方法。在短短一年半时间内，该课程迅速成为国际上最受欢迎的开放教育资源之一，并被全球多个高校采用。不仅如此，这门课程还支持大规模学习者参与，采纳了连通主义学习理论和教学法。

xMOOC是MOOC的一种新型发展形式，它以优质课程内容，短视频设计，全新测评方式，庞大学习者群体以及强辐射性而备受教育、科技以及商业等诸多领域瞩目，促使全球开放教育运动取得新进展，预示着人类文明传承与知识学习方式即将迎来革命性变革。2013年7月，美国国家科学基金会（NSF）正式向全美大学推荐使用xMOOC进行远程高等教育课程开发。这类基于互联网的在线开放课程成为当前世界范围内兴起的一种全新教学模式。

（二）慕课的特征

1.资源共享性

优秀的教师资源和丰富的学习资料是资源共享性中的两大方面。相较于古代个别教育制度，资源共享性的出现可以说是教育史上巨大的变革。在古代个别教育中，学校的所有学生集中跟随一个教师，等待教师轮番传唤进行个别指导；当社会步入资本主义阶段时，产生了班级授课制度，学生每天只上课 4 小时，一个教师可以同时对几百个学生进行统一授课。

在没有发明印刷术之前，文化传播的主要手段是人们手抄书籍，学习的资料也相对较少，在当时的社会，只有贵族才能够享受教育的特权。直到 16 世纪中叶，印刷术的产生和通信技术的发展为普通人民群众获得学习的机会带来了希望，促进了各种学习资料和书籍的资源共享。

现如今，随着互联网的飞速发展，教育信息化的普及，产生了慕课、微课和翻转课堂，慕课教育借助信息化的发展，产生了三大慕课平台，分别是 edx、Coursera、Udacity，有了这些平台的帮助和信息化发展的支持，数以千万计的学生得到了更好的教育。

与此同时，关联主义认为学习并不是一个人的活动，而是要用各种节点相互连接形成一个网络结构。现如今，由于网络技术的发展，世界各地的学习者都能够对任何学习内容和问题进行讨论和交流，网络的发展让学习者能够便捷地联系到更多的学习者，使个人的知识能够成为其他人的学习资源，从而促进了网络学习的发展。

2.效益性

从字面意思中能够看出，效益是效果和利益的总称，多被用在经济领域中。如果在教育领域中出现"效益"二字，是为了说明在教与学中付出和收获所占的比重。慕课教育相对于传统的教育，在培养学习者的学习能力上更具效益性。

现代社会的发展速度越来越快，知识的传播手段也越来越多，更新的速度也在加快，知识就如同海洋一般是永无止境的，这就要求教育者和学习者要不断地接受、学习新的知识，不断地对自己进行"充电"，以适应时代的需求和社会的发展。教育者也要顺应时代的发展转变对学习者的培养方式，不应只注重传授知识，而应把重点放到培养学习者的学习能力上。

慕课教育相较于传统教育更多地强调学习者的自主性学习，学习者可以根据自身的条件选择学习的时间和地点，学习时相对自由；慕课教育相对于传统教育能带给学习者更多的知识，当学习者面对大量的学习知识时，要明确并不是所有信息都适合自己，从而根据自身学习的需求找出关键的内容。

慕课教育有助于学习者在自主学习中发现自身存在的核心问题，并在个性化学习中解决问题，锻炼自身的学习能力。随着解决问题次数的增多，学习者学习能力也会得到相应的提高。

3.复合学习性

复合可以被称为结合或是联合，从字面可以得知，其是两种或两种以上事物的结合。复合学习是指两种或两种以上的学习方法的结合。在没有互联网的时代，人们对知识的获取大多来源于书籍或是教师传授的教学内容，学生通常只是在课堂上，通过教师的授课以及布置的练习作业等方式进行学习。

慕课教育更注重学习者的自身发展，并使学习者在学习中实现自我的潜能。相对于传统教育，慕课教育不再单一地采用课堂教育，而是有更丰富的学习方式，这也体现了慕课教育所具有的复合性。此外，伴随网络技术的发展，学习也被划分为线上学习和线下学习两种方式。

线上学习是指学习者利用电脑、手机等移动设备，通过慕课、微课和翻转课堂等方式进行学习，或是针对某一学习问题通过网络平台进行讨论，从而自由学习知识内容。

线下学习是指学生在课下交流讨论学习知识，以及在课上和教育者之间的互动。线下学习是让学习者之间相互合作，对知识问题主动研究讨论，在课上积极表达自己的问题观点。

线上学习和线下学习密切相关，线下讨论是在线上的学习中产生的，线上学习的知识也能够在线下相互交流，加深记忆，帮助知识的消化。慕课既包括线上学习，也可被应用于线下学习，因而从这个角度，也能体现出复合学习性。

4.自主性

自主从字面意思来看可被解释为自己做主，不受别人控制支配。学习者在学习中要有自我教育的能力，慕课教育中的自主性是指，要保证学习者在学习中能够自我做主并且自我教育，对自己做出的行为负责。慕课教育能够让学习者享有自我教育的机会也说明了慕课教育具有开放性。

伴随时代的发展，教育资源和获得教育资源的渠道越来越多样化，在慕课教育的环境中，教和学不再有指定的地点和特定的时间，学习者能够根据自身的教育需求，自主选择学习的方式和学习的节奏。

在慕课教育中，学习者在完成学习任务的基础上，有较多的自由时间，可以利用多余的时间对已经学习的知识进行加深理解，也可以适当地对已经掌握的知识进行拓展，不过这也需要学习者对时间有一个合理的规划和安排，并能够进行自我监督。

学习者能够自主学习，并不是意味着其可以完全脱离教育者，教育者在学习者进行自主学习时发挥着指导作用，目的在于让学习者在学习中做"主角"，尽情地发挥自己的能力。在自主性学习中，学生发生的学习时的主动行为，以及学生能够学到哪些知识都取决于他自身，而并不是取决于教师。

（三）慕课的主要组成部分

慕课作为一种网络开放式线上课程，它以网络平台为依托，传授者为教师及各方面专家学者，授课内容为在线视频，学习者为慕课在网络线上平台的注册学员。因此，线上网络平台、课程、教师与学员是慕课中的主要组成部分，另外互联网技术、经费投入、国家相关政策扶持以及高校与教育机构和互联网企业等的介入与促进也是其中不可缺少的重要内容。慕课将对高等教育产生深远而巨大的影响：为传统教学模式注入新活力；改变学习方式，提高学生自主学习能力；促进教学改革与创新；丰富教学内容与教学资源；等等。

1.网络平台

网络平台是慕课得以建立的根本，网络平台使慕课课程资源得以呈现在学生面前，同时也让慕课课程参与者得以交流沟通。慕课网络在线教育平台依托互联网技术构建，并向社会免费开放，向老师提供授课场所，并向学员提供大量学习资源，为实现学员与老师之间、学员与学员之间交流建立平台，同时还实现了学员之间的学习资源共享。在此基础上，慕课还提供了在线网络平台教学管理以及学员学习考核等其他功能与服务内容。网络平台肩负着慕课线上教育革命的重大历史任务。慕课网络平台内又存在不同分类，按其服务教育属性可以被划分为服务高等教育慕课平台、服务基础教育慕课平台和服务职业教育慕课平台。

2.网络视频课程

在慕课在线网络平台中，网络视频课程处于核心地位。慕课是通过在线视频进行授课，也就是由授课老师事先录制视频并传到网络平台上。视频课程录制以高校内部传统教学课堂的教学内容为基础，同时又考虑到互联网授课的特点和弊端，一般每门课授课时间为 4~6 周，但不同的课程课时数量也存在差异，由授课老师依据教学大纲、教学目标及教学内容具体编排，课时数通常不超过 16 周。因此，慕课视频课程需要具有较高的时效性与灵活性，能在短时间内播放大量高质量的内容。每门课所录视频均以传统教学中 1~2 小时课堂教学为基础，按知识模块将其分解为 8~15 分钟时长。慕课微课堂旨在增强学生的学习自主性，让学生能够自由地掌握学习进度，只有按照教师的要求学完一单元，学员才能进入下一单元进行学习。慕课课程教学结构有：短视频、嵌入式小测验、课后测验、结业考试、课程讨论区等。慕课作为一种新的教学模式，被运用于高校课堂教学中是非常必要的。此外，值得一提的是慕课网络课堂中的所有课程视频学员均可下载安装，反复观摩学习。慕课网络课堂互动性还很强，平台内有很多极富活力的讨论区域，挑选同一堂课的学员们汇集到一起相互沟通，部分授课教师也会主动参与进来，或由教学助理将讨论区域内学员们讨论得比较热烈的问题向教师进行反馈，教师进行重点回答。有些学员不甘心于在网上谈天说地，甚至会通过在网上商定一些时间和地点会面来商讨学习情况。慕课网络课堂相较其他远程教育或者在线教育而言，除了能更好地优化共享教育资源，还能促进学员和教师及学员间互动交流，将线上课程测试和考核相结合，其构建并完善的课程结构极大地改善学生的学习体验及学习质量。

3.教师

教师在慕课在线网络平台上处于主导地位，任课教师以录制讲课视频的方式教授知识。慕课课堂上的教师的职责与传统教师的职责存在一定的差异，他们虽然都是开展课堂教学，但慕课教师已经不是过去那种在固定教室面对面教学的状态，慕课网络课堂任课老师一定要按照课程安排提前完成讲课视频录制、建立微课堂的课堂小测、课后还要登录网络平台给学员答疑解惑。所以慕课网络课堂也不同于传统意义上的课堂，它有自己特殊的特点：一是网络教学平台不受地域限制；二是学习方式更加自由灵活；三是学习时间更长；四是教学方式多样化。而慕课网络课堂对任课老师的要求是非常高的，既要求他们具有专业的知识功底又要要求他们具有不一样的授课技巧，这是因为他们要向来自世界各国和不同各阶层的学生进行授课，讲授的知识必须做到让人受益匪浅，授课方式必须让学员们认同，只有过硬的专业功底、纯熟的讲授内容、新颖别致的讲授方法才能获得高点击量。

4.学员

学员作为慕课在线网络平台中的主体，既参与课程讲授环节，又参与课程学习交流、课程测试与评价等各交互环节，而且慕课学员们来自世界各国，种族和语言各不相同，这一切都使得慕课在线学习资源更加多元多样。

学员参加慕课还有不同的学习动机和学习需求，有的学员或想通过名师点拨来弥补知识空白、改善知识结构；有的学员或许只是因为自己的爱好前来学习；有的学员或是想在工作之余学习充电；有的学员或是想接受一些新的知识，继续钻研，把握社会潮流趋势。慕课在线网络平台学员总体表现为高学历以及多知识结构。面对这些学员，我们应该及时调整和改进教学理念、教学方法及考核方式等，从而提高教学效果。

诚然，科技给慕课发展带来多方便利，网络普及让电脑成为生活必备品，人们开始习惯从网络中获取新知识，大数据、人工智能和云计算的发展也给慕课教育资源的有效共享带来便利。此外，慕课的出现对传统教学模式产生巨大冲击，打破了以"教"为主的模式，学生不再被动接受知识，而是主动学习；高校不再局限于课堂教学，而是将课堂延伸到课外。与此同时，巨额资金投入也成为慕课迅速成长的重要因素，慕课商业化经营能够吸引更多的优质资源，让管理更规范、经营更高效。慕课的高效运行也离不开国家政策对慕课的大力扶持和指导，高校、互联网企业以及教育培训机构等都是慕课迅速成长的促进力量，对慕课的成长过程起到了不可或缺的积极作用。

二、慕课改变大学生学习方式的优势

大学生的学习生活因为"慕课"独有的特点和优势迎来了巨大的变化，大学生的学习方式也因为这一系列的深刻变化而受到影响

（一）学习时空界限被打破

固定的上课时间导致传统学习在时间上是有限的。从空间上来看，留给传统学习的地方只有学校的教室。而慕课的学习打破了时空的界限，无论白天还是深夜，无论是在全球的哪一个角落，只要有一台连上网的电脑，并有一颗想要学习的心，学生就可以走到哪，学到哪，甚至可以反复学，十年二十年后再学。慕课的授课内容已不再局限于高校所规定的固定内容，它将内容扩展到大学生感兴趣的领域，并且将大学生学习的时间和空间进一步拓展，对大学生的主动学习可谓

大有裨益，使大学生的综合素质得到全面发展。

（二）学习成为乐趣

教师的讲解是传统课堂学习的主要内容，学生们的学习内容和学习进度都是由老师设计好的。这就导致部分大学生失去了对学习的兴趣，变得不爱学习。慕课让学习不再受到传统课堂学习的局限，用多种信息媒体，比如动画、图形、影像、声音等，将教学资源呈现到学生面前，为学生提供思考、探究、合作和交流的平台。大学生可以根据个人的兴趣、能力、需要选择的学习内容，按照自己擅长的方式进行学习。"慕课"学习能充分调动大学生兴趣、挖掘大学生潜能、活跃大学生思维，使大学生的学习成为一种乐趣。只有让学习成为乐趣，大学生才会以一种轻松、快乐、享受的心态主动投入学习中，大学生掌握的知识才能变得牢固，学习能力才能得到不断提高。

（三）自主学习成为主流

大学生的学习效果受到学习自主性的影响。教师是传统课堂的绝对权威，学生只能被动地听课和跟随课程的进度。而通过慕课的学习，大学生就可以让自己成为学习的主人。大学生对学习目标、学习内容、学习方法和学习材料具有选择权和支配权，在学习目标的设计、安排上，也可以按照自己的情况进行，学习的时间和空间更为自由，形式也更加丰富、灵活、多样。大学生还可以通过对自己在学习中的反思和评估来调整学习活动，提高自我约束、时间管理、独立学习、合作学习等能力，同时还能激发自身的自主学习意识，让学习更加主动，使自主学习成为学习主流。

（四）合作学习成为必然

不是所有大学生都能在传统的课堂学习中与教师进行充分的交流，与同学之间进行友好的合作学习。慕课把合作学习的机会提供给了大学生，使他们在慕课平台上就可以听到优秀教师的课程，并且还可以在慕课平台与自己的老师或者学习伙伴讨论课上学习的知识，遇到学习中的困难也可以通过慕课平台寻求帮助。这样的合作学习与交流是完全平等的，师生间互动更多了，关系也更加和谐。以"学生为中心"的学习理念因慕课得到了真正的体现，这代表着未来的学习趋势必然是合作学习。

（五）学生参与学习成为可能

以往的在线开放课程，如广播大学、视频公开课等，一节课长达四五十分钟，上课期间师生之间的互动交流是有限的，学生们的听课学习是被动的。而在"慕课"平台上，课程以十分钟左右的微课为主，甚至时间更短。大学生的注意力因这样短时间的课程得以实现高度集中。慕课会在每两个课程之间安排进阶作业和小测试，只有学生通过了测试才能学习下面的内容。大学生学习的积极性和主动性因为对慕课学习的全程参与得到增强，与同学和老师的互动也随之增加。

三、慕课的模式

（一）cMOOC课程模式

1.cMOOC课程模式分析

（1）cMOOC 课程模式的基本学习活动

①学习者首先需要在平台中浏览想要学习的课程，之后进行注册。

②收集平台中教师提供的各种学习资料。

③在进行基本的课程学习后，学习者需要在讨论组中与其他学习者进行学习内容的交流，分享自己学习的心得感受。

④利用空闲的时间，制作一些有关个人学习的资料。

⑤可以利用其他的社交工具进行学习，如微博、微信、博客等。

（2）cMOOC 课程模式的特征

①在 cMOOC 课程模式中，教师会为学习者提供一些学习的资源，以便学习者在学习的过程中进行参考，教师在 cMOOC 课程中的地位与传统课堂大不相同，在传统课堂中教师是课堂的主导者，而在 cMOOC 中教师是作为引导者出现的。

② cMOOC 课程的学习主要是依靠学习者的自控能力并且要求学习者具有较强的自主学习能力。

③学习者要多参加小组讨论活动，构建属于自己的学习框架，并且能够与其他学习者积极交流自己的学习经验。

④学习者要在交流讨论中有新的学习收获，通过资源共享扩展自己的知识范围。

2.cMOOC应用策略与方法

就如何进行 cMOOC 的学习，研究者与实践者们给出了有价值的策略和方法。

（1）成功学习慕课的步骤

①在进行慕课的学习前，学生首先要确定自己学习的目的和目标。

②学生要能够在不同的社交平台中，积极地展示自己的学习能力。

③学生要构建专属于自己的学习框架。

④在学习过后，学生要多与他人进行学习交流，积极参加学习小组活动。

⑤学生的学习进度和个人的学习能力要相互协调。

3.有效参与cMOOC的步骤

①任何学习前都要明确自己的学习目标。

②学习者能够在社交平台中展现自身良好的学习能力。

③构建专属于自己的学习框架。

④学习者能够充分利用手中现有的课程资源。

⑤学习者能够及时发现自己存在的问题，并且能够合理地解决问题。

⑥学习者在学习的过程中要对学习有合理期望。

⑦坚持进行学习。

慕课学习分为三大阶段：课前、课中、课后。课前，需要学习者在教育平台中浏览想要学习的课程内容，并根据自己的时间进行学习安排，提前准备好课程中需要的资料工具。课中，学习者要在平台中对自己的个人情况进行简单的介绍，要和其他学习者进行课程讨论，从而在学习的过程中及时发现自身存在的问题，并且能够解决问题。课后，学习者要利用课下时间对学习的内容进行整合，形成完整的知识结构。

（二）xMOOC课程模式

慕课的新型发展模式分为两种：cMOOC、xMOOC。xMOOC 是慕课教学中的另外一种发展模式。cMOOC 与 xMOOC 是两种不同的课程模式。xMOOC 的课程理念更加接近传统课堂的教学理念。

xMOOC 课程需要学生预订时间进行学习，在进行学习前，需要学习者提前进行注册，并且要根据自己的时间，合理进行课程的安排。在学习课程前学生要对该课程有基本的了解，根据自己的学习情况进行学习。xMOOC 的学习周期一般在 10 周左右，与传统课堂相比，xMOOC 的学习周期较短。

为使学习者能够更全面地进行学习，xMOOC 在课程实施中设置了课堂测试、学习讨论区、课程视频等多种课程组件。

第三节　信息化背景下高校其他创新教学模式

一、情境化教学模式

（一）情境教学模式的内涵

为提高学生对实际问题的分析和解决能力，以案例或情境为载体对其加以引导，促使学生进行自主探究性学习，这就是情景教学模式。"情境教学"的独到之处在于擅长于培养学生的情感、启迪思维、发展想象、开发智力等方面。学生能在情境教学模式创设的情景下，让自身多种感官被这些先进的信息技术调动起来，在快乐中学习，更深刻地理解知识，实现了从"静态学习到动态学习"的飞跃，学生上课更加轻松，学习的兴趣被情景教学模式激发出来，学习的效率也进一步提高

"感知—理解—深化"是"情境教学"的三个教学阶段，即：

（1）感知——创设画面，引入情境，形成表象。

（2）理解——深入情境，理解课文，领会感情。

（3）深化——再现情境，丰富想象，深化感情。

（二）情境教学的特点

1.形象逼真

对实体的复现并不是情境教学能够做到的，情境教学只能做到简化的模拟。但通过模拟的与实体相似的形象，学生能够收获真实的感觉。

2.情深意长

在生动形象的场景中，学生学习、练习的情绪和感情的体验都被情境教学激发出来。教师通过自己的语言，为教材内容赋予情感，在课堂上建立起一个广阔的"心理场"。

"情趣"和"意象"是情境教学一直倡导的两个方面，能够使学生的想象获

得空前的创设和开拓。学生在情境教学推动下，对教材也能进行更加深刻的理解和掌握，自身的想象力得到进一步激发。

3.知、情、意、行融成一体

情境教学为了创设一定的教学情境，会运用生活显示情境、实物演示情境、音乐渲染情境、直观再现情境、角色扮演情境、语言描绘情境等方法，把学生引入一定的情境或一组情境之中，使他们产生内心感受和情绪体验，从而克服困难和障碍，形成自身志向，积极地进行练习。如此，就能把知、情、意、行融成一个整体。

（三）情境化教学的设计策略与方法

丰富多样的情境教学方式能够将音乐、游戏、讨论等统统与学习结合起来，实现了寓教于乐，学生的自主学习的动力被进一步激发，教师的教学效率也获得了极大的提升。

1.情境教学的策略方法

创设情境的途径初步可被归纳为以下 6 种。

（1）生活展现情境

在让学生进入社会、进入自然的时候，教师可以选取生活中的某一典型场景，将其作为学生观察的客体，并对此进行生动的描绘，让情境在学生眼前鲜明地展现出来。

（2）实物演示情境

在必要的背景下，教师可以以实物为中心构成一个整体，对某一特定的情境进行演绎。在实物演示情境时，教师对相应的背景要进行一番考量，能够以此激发出学生的联想。

（3）图画再现情境

形象展示的主要手段就是图画，课文情境在图画中能够通过情景再现时，课文内容在这一刻实际上实现了形象化。课文插图、特意绘制的挂图、剪贴画、简笔画等都是可被用来实现课文情境再现的方式。

（4）音乐渲染情境

音乐的语言是微妙的，也是强烈的，给人以丰富的美感，往往使人心驰神往。它以特有的旋律、节奏，塑造出音乐形象，把听者带到特有的意境中。用音乐渲染情境，并不局限于播放现成的乐曲、歌曲，教师自己的弹奏、轻唱以及学生的表演唱、哼唱都是行之有效的办法。关键是选取的乐曲要在基调上、意境上以及情境的发展上与教材对应、协调。

（5）表演体会情境

情境教学中的表演有两种，一是进入角色，二是扮演角色。"进入角色"即"假如我是课文中的某某"，而担当课文中的某一角色进行表演就是所谓的扮演角色。当学生进入自己扮演的角色当中，就会感到课文中的角色不再停留在书本上，仿佛就是自己或某一个同学，这样，课文中的角色会让学生产生一种亲切感，内心体验自然也随之加深。

（6）语言描述情境

直观手段与语言描绘的结合是情境教学十分注重的方面。教师在情境再现时，会用语言对情境进行描绘，这对学生的认知活动起着一定的导向性作用。学生感知的效应因为教师的语言描绘而获得提高，鲜明生动的情境带着感情色彩作用于学生的感官。受感官兴奋的影响，学生的主观感受得到强化，情感受到激发，得以畅游于特定的情境之中畅游。

2.创设教学情境应注意的问题

（1）创设的情境要紧扣教学内容和目标，不能随意创设。

（2）创设教学情境必须贯彻于课堂教学的始终。

（3）创设情境不能过多过滥，特别是不要过多使用多媒体课件。

二、抛锚式教学模式

抛锚式教学模式深受建构主义学习理论影响，是以技术学为基础的一种重要的教学类型。该理论主要强调以技术学为基础的学习。抛锚式教学模式是由温特比尔特认知与技术小组在约翰·布朗斯福特的领导下开发的。

（一）抛锚式教学模式的内涵

教师在教学时将一个真实的学习情境提供给学生，以生动的真实事件或问题情境为基础，将教学建立起来（确定这类真实事件或问题的过程被形象地比喻为"抛锚"），这种教学模式被称为抛锚式教学。抛锚式教学是在师生互动交流与探讨的过程中，学生对学习目标的识别、提出和实现获得了亲身体验的教学过程。抛锚式教学也被称为实例式教学、基于问题的教学、情境式教学。

（二）抛锚式教学模式的理论依据

建构主义认为，教师的传授不是学生接受知识的途径。他们认为学习是在一定的情境（即社会文化背景下），通过其他人的帮助（即通过人际间的协作活动）而实现的意义建构过程。受到认知主义的发展的影响，建构主义更加重视结构，重视"情境创设""意义建构""协作"。学习者要想深刻理解该知识所反映事物的性质、规律以及该事物与其他事物之间联系，即完成对所学知识的意义建构，仅仅聆听这种经验的介绍和讲解是不够，最好的办法就是到现实世界的真实环境中去感受、去体验。由于真实事例或问题是抛锚式教学的基础（即属于"锚"），所以有时抛锚式教学也被称为"实例式教学"或"基于问题的教学"。

（三）抛锚式教学的设计原则

抛锚式教学有以下两条重要的设计原则：

（1）学习与教学活动应围绕某一"锚"来进行设计；

（2）课程的设计应允许学习者对教学内容进行探索。

（四）抛锚式教学策略步骤及其优缺点

1.抛锚式教学策略步骤

（1）创设情境

使学习能在和现实情况基本一致或相类似的情境中发生。

（2）确定问题

在创设的情境下，选择与当前学习主题密切相关的真实性事件或问题作为学习的中心内容（让学生面临一个需要立即去解决的现实问题）。

（3）自主学习

教师不应直接告诉学生应当如何解决问题，而是应当提供一些相关的线索给学生（如哪一类资料需要收集、有关的信息资料从何处获取，以及探索现实中专家解决类似问题的过程等）。教师对学生的自主学习能力要进行着重关注。自主学习能力包括：

①确定学习内容表的能力（学习内容表是指完成与给定问题有关的学习任务所需要的知识点清单）；②获取有关信息与资料的能力（知道从何处获取以及如何获取所需的信息与资料）；③利用、评价有关信息与资料的能力。

（4）协作学习

讨论、交流，通过不同观点的交锋，补充、修正、加深每个学生对当前问题的理解。

（5）效果评价

由于抛锚式教学要求学生解决面临的现实问题，学习过程就是解决问题的过程，即该过程可以直接反映出学生的学习效果。因此对这种教学效果的评价往往不需要开展独立于教学过程的专门测验活动，教师只需在学习过程中随时观察并记录学生的表现即可。

2.抛锚式教学策略的优缺点

（1）优点

①有利于培养学生的问题意识。在老师所创设的情境下，抛锚式教学策略把现实问题拿到学生面前，让学生确定哪一个需要立即得到解决，然后让学生通过自主学习尝试解决问题，这样就使学生发现问题、提出问题的意识得到了很好的培养和训练。

②学生收集、获取和处理信息的能力在抛锚式教学策略的培养下能够得到成长，同时学生分析解决问题的能力也在抛锚式教学策略的影响下得以提升。抛锚式教学策略对学生自主学习能力的培养十分重视，老师在抛锚式教学策略的学习过程中只是发挥引导的作用，学生需要亲自收集、获取资料以及对资料进行加工处理，在这中间学生分析与处理信息的能力将获得巨大的提高。

③有利于让学生知晓所学知识的现实意义。老师在运用抛锚式教学策略进行教学时，往往会将真实的事件或问题作为材料提供给学生，这样就能让学生对所学知识的现实用处有更加深刻的理解和领悟。

（2）局限性

①教师方面

学生在识别问题时能够在一个开放、逼真的问题情境中进行，并使自己萌生出对学习的需要，然后在老师的帮助下，通过自主学习的形式使问题得以解决，这就是抛锚式教学策略的目的。但是，我们也要认识到，确定一个问题是远远不够的，不同的学生确定的问题也会不一样，而老师不可能对学生选择的每一个问题都游刃有余地解决。因此，教师在引导时就会出现各种各样的问题，面临着巨大的挑战。此时的教师已经不单单是传统意义上的知识传授者，而更像知识的学习者。只有让自己的知识和能力不断丰富，教师才能将引导学生的作用更好地发挥出来。

②评价方面

对于抛锚式教学策略的教学效果的评价往往不能通过专门的测试来决定，而只能由老师在学习过程中随时观察并记录学生的表现进行评价。这样的评价方式不够客观，会融入老师的很多主观意识，而且老师也不可能随时都观察仔细，一些隐性的知识也不是通过观察就能发现的。

三、基于项目的信息化教学模式

项目教学法是一个完整的教学活动，具体来说就是通过实施一个完整的项目来对学生进行教学。不同的教学方法拥有不同的教学目的，而项目教学法的教学目的就是将理论与实践有机地结合在一起，从而深入挖掘学生的潜力，提升学生解决实际问题的综合能力。

（一）项目式教学模式概述

1.项目式教学的内涵

项目式教学是以现代认知心理学思想、自适应学习理论和探索性学习架构为基础，通过科学研究与工程实践，促进学生主动学习、自主发展的一种新型的教学方法。在项目教学中，学习过程是一个可以人人参与的创造性的实践活动，它注重的不是项目完成的最终结果，而是完成项目的全过程。项目教学的目的就是在教学的过程中将理论与实践教学有机地结合起来，充分发掘出学生的创造潜能，培养学生的自学能力、观察能力、动手能力、科学研究和分析问题能力、协作和互助能力、交际和交流等综合能力。

2.项目式教学的组成要素

"项目教学法"包含许多要素，其执行的全部过程中主要包括：信息的采集、项目主题的确定、项目实施方案的制定、项目计划的落实、项目结果的评价与展示等。

（二）项目式教学的设计策略与方法

通常情况下，项目教学的过程主要包含下面 5 个阶段。

1.确定项目任务

进行项目教学，首先要做的就是确定合适的项目任务。所以，在进行项目教学之前，老师需要对教学内容的难易程度进行了解，对学生的整体水平进行合理分析，然后再在此基础上对教学项目的任务进行确定，从而让选定的项目目标在符合教学目标的同时还能激发学生的学习兴趣，满足学生的学习需要。

一般情况下，老师会先根据专业能力培养的要求以及当前所学的专业知识模块提出一个或者几个项目任务供学生挑选，然后再与学生一起讨论，确定项目的具体任务以及项目任务的目标。

2.制订工作计划

确定好项目任务之后，下一步要做的就是制订项目计划。项目计划的内容主要包括：项目实施的时间、地点、人员以及项目活动实施的方案流程步骤等。在项目活动中，项目工作计划具有十分重要的作用。项目教学活动的主体是学生。所以在制订项目计划时，教师要以学生为主制定合理的工作步骤和流程。与此同时，在制订项目计划时，教师还要重视学生与学生、老师与学生之间的交流，从而确保项目计划得以切实实施。

3.组织项目实施

项目活动的主体是学生，所以在项目实施的过程中，信息的采集、方案的实施等都应该以学生为主导，而老师则发挥指导与答疑解惑的作用。因此，在项目活动实施时，应该尽量让学生独自地承担和完成一个具体的项目，从而使其在实践中熟练运用专业能力，在解决问题时提升解决实际问题的综合社会能力。项目活动的实施过程可以分为两部分：第一，活动探究。具体来说，活动探究就是学生在项目活动中不断地发现问题，然后再将老师给予的资料以及自己收集到的资料进行整理与研究，寻找问题的解决方案，从而不断地提升自己解决问题的能力。第二，作品制作。具体来说就是学生将自己所学的知识在项目活动中进行实际运用，然后将作品制作出来。

另外，在项目实施的过程中，学生可能会碰到各种各样的问题，但是在碰到问题时应该及时地向老师询问或者与同学讨论，从而找到可以解决问题的最佳途径。

4.检查考核评估

项目活动中，作品的检查与考核也是一项重要的步骤。检查考核评估具体来说就是在作品完成后，个人或者各个项目小组之间将项目实施过程中遇到的问题以及解决方法进行分享与交流，然后与老师讨论出评价项目结果的原则与标准，最后由老师对项目活动结果进行评分与整体分析。

5.总结评比归档

老师与学生讨论总结出评价项目结果的标准后，下一步就是对项目结果进行评价。作品的总结评价主要包括两个方面：第一方面，老师的指导性评价，主要是老师根据项目实施的过程对学生进行评价，从而激发学生的学习兴趣，增强学生的学习信心，提高学生的创新能力；第二方面，学生的自主性评价，学生的自主评价不仅仅只是学生自己对自己评价，还包括他人评价、其他小组的评价等。学生自评具有很多优势，如可以让学生发现自己的优势与不足，从而在今后的学习中更有针对性地进行学习。

得出评价结果后，教师要将项目的成果（实物、软件、数据、资料和总结等）全部归档保存或者集中展示。

四、基于WebQuest的信息化教学模式

WebQuest 的中文意思是"网络探究"。这里所说的探究指的就是围绕问题开展的活动。简单来说，网络探究就是立足网络分析与解决问题的过程。网络探究的主要目的是让学习者更好地使用时间与信息分析与解决问题。

（一）WebQuest的教学模式概述

1.WebQuest教学模式的内涵

WebQuest 模式最早是由美国圣地亚哥州立大学的伯尼·道奇（Bernie Dodge）博士在 1995 年创建出来的。现如今，WebQuest 教学模式已经成为一种流行的教学模式，而这种模式就是通过网络资源对问题进行探索与研究。

从本质上看，网络探究的模式就是建构主义学习理论在网络上的实践，具体来说就是在网络环境中，教师利用网上的信息资源对问题的探究进行指导，把问题探究作为教学的目的，然后通过大量的学习资源和协作交流工具，以一定的目标任务驱动学习者对某个问题或课题自主地进行构建、探索和研究。它利用情境、协作、会话等学习环境要素充分发挥学生的主动性、积极性和创新精神，学生在教师的指导和帮助下，使用丰富的网络学习资源，在自主探索和互动协作的学习过程中，完成学习任务，从而实现知识的建构。

2.WebQuest教学模式的组成要素

（1）前言（Introduction）

"前言"部分主要有两个方面的内容：一是给学习者指定方向；二是提升学

习者学习兴趣的各种手段。

（2）任务（Task）

网络探究的"任务"模块就是学习者在学习结束时所应完成的项目任务。而其最终的任务结果可能是一份电子作品（如演示文稿）。

（3）过程（Process）

"过程"模块，就是指老师把完成任务所需要经历的步骤教授给学习者，从而让学习者了解完成任务步骤的过程。

（4）资源（Resources）

"资源"就是指老师将网络资源进行事先预选，形成一个网站清单，从而让学习者在进行问题探究时可以将注意力高效地集中在这些有用的网站上，而不是漫无目的地在网络上冲浪。

（5）评估（Evaluation）

"评估"是网络探究中的新增模块。在日常学习中，如果我们想要了解自己是否真正地学会了知识，就需要通过测评来评估自己的学习成果。

（6）结论（Conclusion）

网络探究中的"结论"部分可以为学习者总结经验提供机会，与此同时还可鼓励学习者对过程进行反思，从而拓展学习者在其他领域学习的经验。

（二）WebQuest教学的设计策略与方法

1.选择主题

网络探究教学方法的第一步就是选择主题，具体来说就是在一个较为复杂的环境下将一些还没有探求出答案的问题让学生进行思考，从而使他们对这一问题产生强烈的探索欲望。

2.设计WebQuest学案

网络探究教学方法的第二步就是设计网络探究学案，具体来说就是在网络探究课程的单元教学设计中，将学生可以进行主动知识建构以及具备高水平思维作为教学目的，老师根据学生的整体知识水平、教学要求以及教学目标，精心设计的教学方案。

网络探究学案主要包含以下6个部分。

（1）引导

又称"情境"，主要就是在教学过程中为学生提供一些学习主题的背景信息、学习的原因以及学习将要达成的目标等。从为学生提供主题背景信息的方面来说，教师可以通过给学生分配角色的方式激发学生探究问题的兴趣，比如："假设你是一位程序设计员""如果你是一位网络工程师""假如你想要……"等。

（2）任务

任务主要就是告知学生在进行学习时，对主题的学习需要获得一个什么样的结果或解决一个什么样的问题。在阐述时，教师可以将任务划分为一些小的任务或一些关键问题，还可以对任务完成结果和问题解决结果（"学习产品"）进行一些规定，如要求学生最终设计一个图形、写一篇论文或者制作一份电子演示文稿等。

（3）过程

该部分就是描述学习者完成任务所需要经过的步骤。教师通过对过程进行设计，从而引导学生经历高水平思维过程，培养学生形成高级思维能力。

（4）资源

资源部分就是指学生完成任务所需要的资源，这些资源一般都是经过教师精心挑选出来的，然后成为学生上网查找资源的定位点，从而避免学生在网上漫无目的地冲浪。

（5）评价

在每一个网络探究单元学习中都需要有一套评价标准对学生的学习过程与结果进行评价。评价标准必须是适合具体特定任务的，并且要清晰、一致与公正。为了更好地促进学生学习，达到评价量规中体现的学习目标，教师可以在引言部分提出学生表现的三种类型：示范性的、可接受的和不可接受的。这不仅可以鼓励学生朝着优秀的目标奋斗，还可以给学生的行为表现确立一个下限。

（6）总结

最后的总结阶段，是学生进行反思、教师进行总结的阶段。教师可以在此部分设置反思问题，对活动过程和结果进行总结。不仅让学习者知道自己学到什么，而且还可以鼓励他们将这种方法用于别的领域。

3.教师制作WebQuest学案

很多网站都会提供网络探究教学的模板，教师只要在下载的模板网页的相应部分内填入自己设计的内容就可以完成学案的设计。当熟练掌握网络探究的教育理念和技巧后，教师就可以根据自己想法灵活多变地设计学案。

做好的网络探究学案既可以被上传到远程服务器上，也可以被放在局域网服务器上，以便学生学习。

4.组织实施教学

实施教学过程中，教师要帮助学生做好以下几件事情：

（1）理解主题背景、意义（引言部分），知道任务目标，建立合作与协作机制，发展完成任务所需的新知识与技能。

（2）确定完成任务所需的条件和提出与之相关的疑问。

（3）阅读资料、收集素材，提取主要观点，寻找上述问题的答案，将有价值的观点、支持性材料、新疑问和对问题的思考发布到讨论区。

（4）对收集到的素材和自己提出的论点进行判断、分析、综合、归纳。

（5）进行创作。

（6）展示成果，演示汇报。

5.对活动进行总结

老师与学生一起进行评价，对完成任务的过程和结果进行反思，并思考这种探究的经验如何被运用到其他的学习过程中。

第五章　信息化背景下高校教学模式创新的保障

　　智慧化的教学环境、科学的教学评价能带给教师和学生良好的教学与学习体验，能帮助教师针对教学过程中出现的一些问题有针对性地加以解决，促进教学过程的不断优化和教学活动的科学开展。本章主要论述信息化背景下高校教学模式创新的保障，分别从以下三个方面展开研究：创设信息化智慧教学环境、构建科学教学评价体系、提升高校教师信息化能力与素养。

第一节　创设信息化智慧教学环境

一、信息化教学环境概述

（一）信息化教学环境的特征

　　2011 年，教育部颁布《教育信息化十年发展规划（2011—2020 年）》，明确提出：要建设智能化教学环境，提供优质数字教育资源和软件工具，利用信息技术探索建立教学新模式。信息化教学环境应满足以下条件。

　　（1）现代学习资源设计开发的条件：各种开发环境。

　　（2）现代学习资源利用的条件：各种应用环境。

　　（3）现代学习过程设计、开发与利用的条件：新型的教学模式、教育技术。

　　（4）为创建新型教学模式创造条件。

　　（5）学习过程和学习资源的现代管理与评估条件。

（6）体现信息时代特征，做到教学环境的数字化、系统化、多媒体化、智能化、网络化。

（二）信息化教学环境的分类

根据功能划分，信息化教学环境可被分为以下两大类。

第一类：支持师生"教"与"学"的教学支撑环境（教学客观条件）。

第二类：支持教师备课与师生交流的教学资源环境。具体可细分为以下几类。

（1）以多媒体教学为主的媒体化教学环境。

（2）以网络教学为主的网络化教学环境。

（3）以云技术为基础、以物联网为支撑的共享性智慧教育环境。

（三）信息化教学媒体选择

教师应该结合教学需要和学生发展的需求，有针对性地对教学媒体进行选择，与此同时，要结合教学媒体特性对具体的教学活动进行安排和设计。具体来说，在教学模式的选择上，是否采用信息化教学媒体，使用何种信息化的教学媒体，这些都可以由教师一步步进行教学选择和教学设计。

根据教学对象的学习组织方式的不同，教师对信息化教学媒体的选择和教学模式确立具体如图 5-1-1 所示。

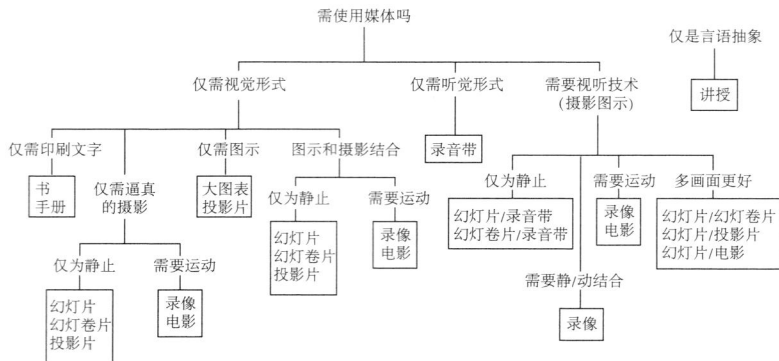

集体授课教学模式与媒体选择

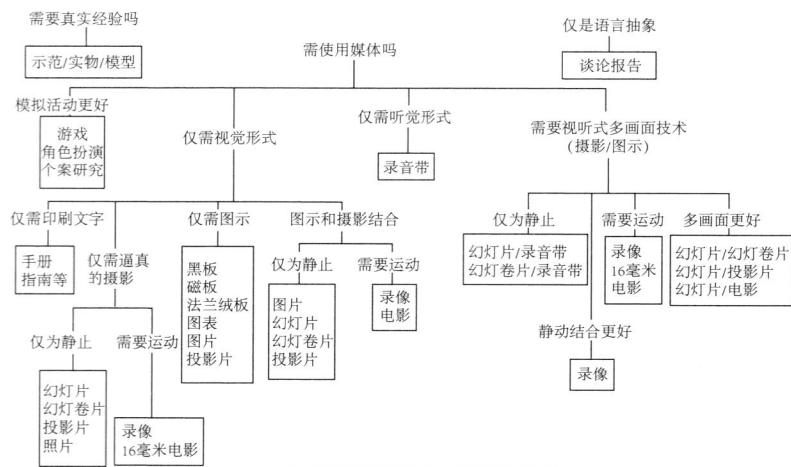

需使用媒体吗

仅需视觉形式 / 仅需听觉形式 / 需要视听技术（摄影图示） / 仅是言语抽象

讲授

仅需印刷文字 / 仅需图示 / 图示和摄影结合 / 录音带

书 手册

仅需逼真的摄影 / 大图表 投影片

仅为静止 / 需要运动

仅为静止：幻灯片 幻灯卷片 投影片

需要运动：录像 电影

仅为静止 / 需要运动 / 多画面更好

仅为静止：幻灯片/录音带 幻灯卷片/录音带

需要运动：录像 电影

多画面更好：幻灯片/幻灯卷片 幻灯片/投影片 幻灯片/电影

需要静/动结合：录像

幻灯片 幻灯卷片 投影片

录像 电影

集体授课教学模式与媒体选择

小组学习的教学模式与媒体选择

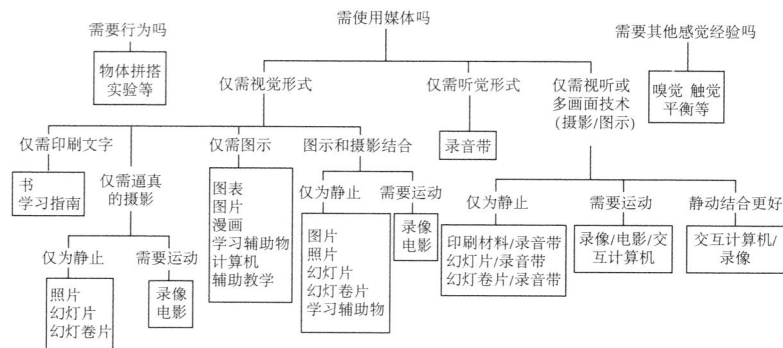

需要真实经验吗

示范/实物/模型

需使用媒体吗

仅是语言抽象

谈论报告

模拟活动更好：游戏 角色扮演 个案研究

仅需视觉形式 / 仅需听觉形式：录音带 / 需要视听式多画面技术（摄影/图示）

仅需印刷文字 / 仅需图示 / 图示和摄影结合

手册 指南等

仅需逼真的摄影

黑板 磁板 法兰绒板 图表 图片 投影片

仅为静止：图片 幻灯片 幻灯卷片 投影片

需要运动：录像 电影

仅为静止：幻灯片 幻灯卷片 投影片 照片

需要运动：录像 16毫米电影

仅为静止：幻灯片/录音带 幻灯卷片/录音带

需要运动：录像 16毫米 电影

多画面更好：幻灯片/幻灯卷片 幻灯片/投影片 幻灯片/电影

静动结合更好：录像

小组学习的教学模式与媒体选择

个别化学习的教学模式与媒体选择

需使用媒体吗

需要行为吗：物体拼搭 实验等

需要其他感觉经验吗

仅需视觉形式 / 仅需听觉形式：录音带 / 仅需视听或多画面技术（摄影/图示）

嗅觉 触觉 平衡等

仅需印刷文字 / 仅需图示 / 图示和摄影结合

书 学习指南

仅需逼真的摄影

图表 图片 漫画 学习辅助物 计算机 辅助教学

仅为静止：图片 照片 幻灯片 幻灯卷片 学习辅助物

需要运动：录像 电影

仅为静止：幻灯片/录音带 幻灯卷片/录音带

仅为静止：印刷材料/录音带 幻灯片/录音带 幻灯卷片/录音带

需要运动：录像/电影/交互计算机

静动结合更好：交互计算机/录像

仅为静止：照片 幻灯片 幻灯卷片

需要运动：录像 电影

个别化学习的教学模式与媒体选择

图 5-1-1　不同的教学模式与媒体选择

二、多媒体教学环境与教学模式

多媒体教学环境集多种信息化技术于一体，在信息化时代，多媒体教学的新发展趋势应以全数字化多媒体系统集成应用为主。

多媒体辅助教学模式的构建，主张在教学中充分运用 CAI 技术，使教学更具嵌入度，拥有良好的交互性能，更加形象和生动。

（一）多媒体教学的媒体环境

演示型多媒体教室，将多种媒体合理汇集在一个教室内，各媒体在教学中发挥自身的优势对教学过程进行优化。

详细来说，多媒体教室由现代化教学设备组成，如多媒体液晶投影仪、多媒体计算机、中央控制系统、数字视频显示平台、音响设备、投影屏幕等。依托于这些多媒体技术与现代化设备，教师可以在演示型的多媒体教室中完成一系列的教学活动，如专题演讲、学术交流、多媒体教学、演示及娱乐、报告会等。

（二）互式多媒体教学系统

交互式教学系统，是基于交互式硬件设备的教学系统，教学设备主要有交互式电子白板、交互式触摸一体机、交互式液晶书写屏等。交互式多媒体教学系统的教学优点和特点是：教师在授课过程中可以直接在授课界面上批注、编辑，十分方便。

交互式电子白板是计算机的一种输入 / 输出设备，是人机交互的智能平台，工作原理图如图 5-1-2 所示。

如今，交互式电子白板的课堂教学应用模式主要包含三个类型，分别是：教学资源模式、情境创设模式、交互整合模式（表 5-1-1）。

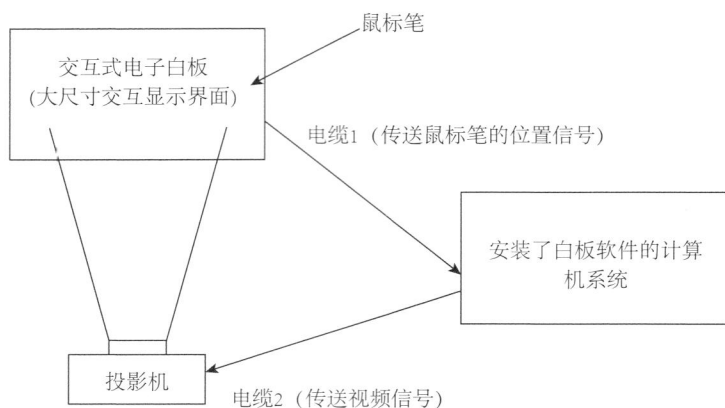

图 5-1-2　人机交互智能平台的工作原理图

表 5-1-1　交互式电子白板媒体教学应用模式比较

类型／比较项目	教学资源模式	情境创设模式	交互整合模式
电子白板的角色与教学功能	主要为教师提供教学的资源，起辅助教学的作用	为学生提供完成学习任务的情境	在教学中融入网络的交互交流、个性化分析，对学生的学习情况进行实时追踪，对学生的学习过程进行系统分析
可以适用的学习活动	对教学素材进行补充，丰富学生的学习经验	探究教学内容，基本上是专题型、问题型	鼓励学生突破时空的局限，培养学生与他人交流的能力，养成自主性学习的能力和水平
师、生、技术媒体各自的角色	教师承担教学角色、技术起到辅导作用、学生处于被动学习状态	学生与技术是交互关系，教师起到协助、辅助作用	教师、学生与技术媒体角色不是一成不变的，是处于动态转变的状态
一般的教学策略	一是操作与练习；二是举例示范；三是进行媒体呈现	一是探究教学；二是问题解决；三是情景模拟；四是游戏式学习	一是合作学习；二是讨论与整合式学习

（三）课堂录播教室环境

录播教室不仅具有多媒体教学功能，还能将整个教学过程同步录制下来，录播教室的系统结构图如图 5-1-3 所示。

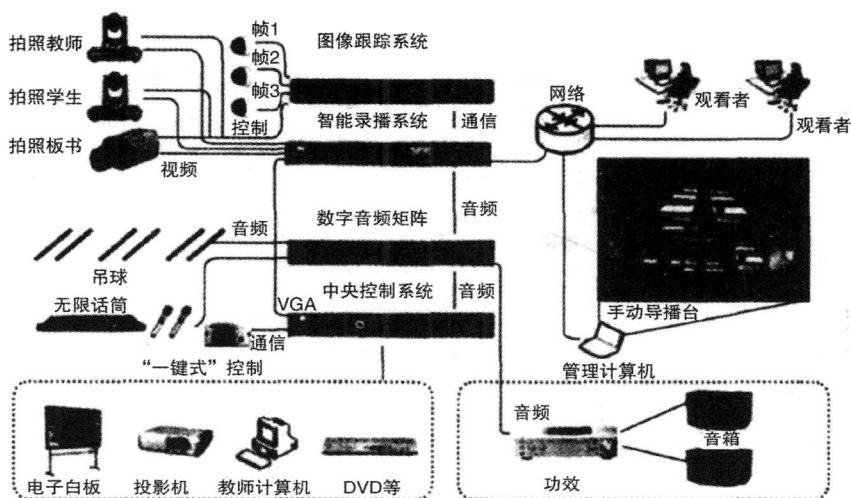

图 5-1-3　录播教室的系统结构图

课堂录播应用是信息技术发展最好最快的应用之一。它能让薄弱地区、学校和发达地区、学校之间，进行在线教学互动和同步建构课堂。课堂录播不仅有助于实现对精品课程教学的网络共享，还能利用网络，将教师的课堂教学广播出去，方便学生上课，还能减少教师的重复授课，对教学资源利用有着极其重要的意义。此外，通过对教师授课过程的观摩，高校可以更好地了解教师的教学过程，方便对教师的教学进行评价管理。

（四）多媒体辅助教学模式构建要点

在教学实践中，将多媒体技术及系统引入教学，创建多媒体辅助教学模式，应重点做好以下两个方面的工作。（1）建立完整的多媒体教学系统，通过录像、图片、Flash 等的引入，合理使用各种教学媒体，实现各教学媒体作用的最大化，为教学服务，使教学更加生动、形象。（2）借助多媒体，建立校园网，为新时期的体育学习提供更多的便利，为学生的学习参与提供更广阔的平台，并为和谐的师生交互建立良好的平台。

三、智慧教育环境与教学模式

信息技术的迅猛发展，使得新兴技术手段纷纷进入校园，如移动网络、云计算、物联网、互联网、数据挖掘等。在这样的大浪潮下，教与学的新趋势变为智能化教学、智能化学习。

（一）智慧教育

目前，国内对智慧教育无统一的定义，有学者认为，智慧教育是通过构建智慧学习环境（Smart Learning Environments），运用智慧教学法（Smart Pedagogy），促进学习者进行智慧学习（Smart Learning）的新型教育。

智慧教育的基础是云技术，物联网是其支撑，其营造了全新的学习空间和学习方法以及智能化教学管理等具有智慧特征的教育环境，智慧教育实现了对教育资源的共建共享，体现了教育公平，在一定程度上提高了教育质量，促进了教育事业的蓬勃发展和现代化建设。

1.智慧教育与数字教育

作为共同在教育信息化背景下发展起来的教育，智慧教育与数字教育有着一定的区别，二者是两种不同的教育（表 5-1-2）。简单而言，智慧教育是增强型数字教育（Enhanced–Education），是数字教育的高级发展阶段。

表 5-1-2　智慧教育与数字教育对比分析

项目	智慧教育	数字教育
发展目标	培养智慧型、创新型人才	提高教育质量和效率
核心思想	技术变革教育、改变教育战略实施的生态环境	技术是工具、媒体，高效率传递知识
核心技术	云计算、大数据、物联网、移动通信、定位技术	计算机、多媒体、互联网、Web2.0
建设模式	应用驱动，根据教育应用建设配套环境、资源和队伍	建设导向、建网、建库、建队伍
学习资源	动态生成、持续进化、开放建设，MOOCS、微课、移动课件、电子教材、可进化的内容库	静态固化、结构封闭，CAI 课件、网络课程、数字图书、专题网站
学习方式	泛在学习、无缝学习	一是多媒体学习；二是网络学习
教学方式	以学习者为中心，在线教学（MOOCS）、互动教学、智能教学（智能备课、智能批阅等）	以教师为中心，多媒体辅助教学、网络教学、远程教学
科研方式	跨地域大规模协同科研，科研数据及时分享与深度发掘	基于有限资源的、小范围协同科研

续表

项目	智慧教育	数字教育
管理方式	标准化，归一化管理，智能管控	管理信息分散，标准各异，人管、电控
评价思想	数据导向的评价	经验导向的评价

2.智慧教育与教育信息化

智慧教育是素质教育在信息时代、知识时代和数字时代的深化与提升。智慧教育是当代教育信息化的新境界。

所谓的教育信息化就是指教育领域在国家及教育部门的统一组织和规划下，运用信息技术全面地、深入地促进教育的现代化改革、现代化发展的过程。

（二）智慧校园

互联网正越来越深度地成为国家教育信息化深化发展的广域平台。现阶段，通过实施《教育信息化2.0行动计划》，我国计划到2022年基本实现教学应用覆盖全体教师、学习应用覆盖全体适龄学生、数字校园建设覆盖全体学校。

智慧校园是基于互联网的信息时代教育新模式构建而成的，智慧校园面向师生，能全面感知物理环境，识别个体特征和学习情境，提供无缝互通的网络通信的教学环境、生活环境。智慧校园能将各类校园工作、学习和生活通过各种应用服务系统充分地融合在一起。智慧校园具有以下特征。

（1）无缝互通的网络环境。

（2）广泛感知的信息终端。

（3）海量的信息数据和快速、高效、智能的信息管理与分析。

（4）开放的自主学习环境和个性化的教学信息服务。

智慧教育是教育信息化的一种新的教育生态系统，它以学习者为中心，提供开放学习资源，支持云学习、泛在学习、无缝学习等，智慧教学模式如图5-1-4所示。

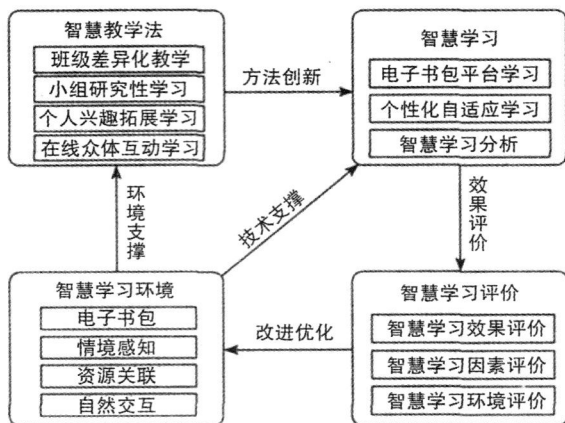

图 5-1-4　智慧教学模式

第二节　构建科学教学评价体系

一、教学评价概述

（一）评价与教学评价

评价是为对个人、群体和部门进行深入的了解，对相关的信息进行收集的行为。教学评价主要指的是以科学的评价标准为基础，将教学目标作为依据，通过一切行之有效的技术手段对整个教学的过程和教学结果进行衡量和测定，并且以此做出价值判断。教学评价的目的主要有两个：一是对学生的学习进行及时反馈；二是对教师教学进行诊断。

评估建立在多种评价信息源的基础之上，主要是关于单位或部门的品质判断或者是关于单位或部门的价值评估结果的判断。相对而言，评价是比较精准的价值判断，不仅包含对单位和群众的价值判断，而且包含对个体的评价。然而，在实际的操作过程中，这二者的界限并没有被严格划分，成为不同场合和范围的不同习惯性用法和说法，如在督导部门被称为督导评估，在高等教育领域被称为教育评估，在普通教育领域被称为教育评价。立足于我国的教育实践，评价的适用范围越来越广，越来越普遍。

　　教学质量受到很多因素的影响。大体来说，它们主要包括教育观念、教学方法、教学管理、师资力量、课程设置、教学媒体、学习氛围、校园文化、学习者的文化基础和人文素养等。影响教学质量的核心因素主要是教师的教和学生的学这两个方面。教学质量的提高必然会对教学过程的质量提出要求。判断教学是否达到一定的质量要求的"工具"，就是教学评价。换言之，教学评价就是采用测量的工具，运用测量的方法，以教学目标为依据，对学生的学习结果进行量化描述，以此对量化的结果进行价值判断的一个过程。因此，从教学评价的实质角度来说，教学评价就是对教学活动在结果和影响两个方面给予价值上的确认，并且引导教学活动沿着预定的教学目标发展。由此可见，教学评价是教学活动中的重要组成部分，有着举足轻重的地位和作用。

　　第一，教学评价的主要依据是教学目标。教学目标是一切教学活动的出发点和落脚点，是教学活动实施的方向和想要达到的预期效果。教学目标还对学习者在学习之后要达到的能力水平做了规定。学习者在学习之后在情感、认知、动作技能等方面是否产生了如教学目标所期望的变化，对于这种变化的判断主要是通过教学评价来进行的。故而，教学目标是教学评价所依据的标准，如果教学评价离开具体、明确的教学目标就无法有效进行。例如，某位老师讲课生动活泼，有着活跃的课堂气氛，很受学生欢迎。然而，学生自身的变化并没有达到教学目标的预期，换句话说，学生在一个表面上生动活泼、热闹非凡的课堂上什么也没学到，因此，我们可以说这堂课并没有达到预期的教学目标，在这种情况下，课堂的生动活泼、气氛活跃、受欢迎程度也就没有了意义。由此可见，教学评价的标准应该与教学目标保持一致，否则我们将无法对教学效果的好坏进行客观、准确、全面的评价；反之，如果教学目标与教学评价标准没有保持一致，那么教学目标会失去其本身的作用，被评价标准所取代。

　　第二，进行教学评价时，可以使用一些行之有效的技术手段。一般来说，收集数据主要是通过测量的方式进行，但是这不意味着测量等于评价。所谓的测量就是指对学生进行各种考试和测验，对其在教学过程中产生的变化进行量化，对学生的学习结果进行赋值的量化过程。而对测量结果作价值判断的过程才是评价。同时，评价的手段并非只有测量这一种，还有其他的手段和方法，如谈话法、观察法、教学活动记录、收集学生的作业和作品等有关资料来进行评价等。信息技术的迅猛发展也给教学评价提供了很多快捷、方便、科学的测量工具、统计工具、跟踪工具。

　　第三，教学评价包括对教学过程的评价和教学结果的评价，是对教学的各个方面进行评价。在信息技术的大环境下，高校需要对以往教学评价方式进行改变，传统的教学评价具有单一评价主体和过分重视总结性评价的特点，当前高校应该强调多元评价，注重形成性评价，并且强调面向学习过程的评价。在信息技术环境下，可以由教师、同伴、学生自己对学生在整个学习过程中的兴趣、态度、任务完成情况、参与程度、学习过程中生成的作品等进行科学的客观评估，主要的评价方法有课堂打分表、课堂调查表、作品打分表等。

为提高教学评价活动的有效性和可靠性，学习评价必须建立在客观数据、资料的基础上，并在对客观数据、资料进行量化处理的前提下做出价值判断，判断学生心理结构形成、学习掌握程度和教学目标之间存在的差异，同时对教学结果进行分析，并以此为依据，对今后的教学工作提出明确的、科学的改进措施。

（二）教学评价的功能

在学生学习和教师教学中，教学评价有着举足轻重的作用。在教育心理学和教学论的研究中，我们可以明确，教学评价能够促进教学效果的提高，其具体功能如下。

1.对教师的教学水平作出判断

教师可以根据评价结果对课堂教学目标的实现程度进行掌握和明确，可以对教学活动中所采用的方法是否有效、学生接受程度和学生的学习状况进行及时掌握，并基于此及时对今后的教学行为进行调整，对自身的教学方法、教学计划进行反思和完善，不断提高教学水平。教学目标是教学评价的依据，当针对学习结果的教学评价与预期的教学目标相符合时，就表明教师完成了教学任务，教师采用的教学方法是成功的、有效的。反之，如果二者不相符，则表明教师采用的教学方法有偏差，教师必须重新考虑教学方法与教学目标的适当性，思考如何进一步改进教学。

2.对学生的学习水平做出反馈

通过教学评价，学生有机会了解自己学到了什么，学到了多少，进步与否。教学评价是学生学习结果的反馈，教学评价可以加强学生的学习动机。学生通过自我评价，能够加深对自我的认识和了解，及时调整自身的学习策略和学习方法，不断增强学习的自主性和自觉性。

3.调动教师与学生的积极性

教学评价的合理科学性在一定程度上可以调动教师在教学工作中的积极性，

激发学生学习的内在动力，可以很好地将学生以及教师的注意力集中在教学中一些关键和重要的任务上。对于教师来说，客观的、科学的教学评价可以让教师明确教学中的不足；对于学生来说，恰当、适时的测验、考试可以增强学生的学习效果，提高学生学习的积极性和主动性。

4.有利于教学目标的实现

科学的教学过程要遵循教学规律。对教学情况进行定期的检查和评估，这样可以揭示哪些做法是与规律相符合的，哪些做法违反了规律，教学是否达到了预期目标，教学达到预期目标的程度如何。对于这些问题的反馈有益于调整教学过程，促进教学过程的系统化、科学化。教学目标是教学评价的依据，通过对教学进行全面的考察，教师可以做出相应的价值判断。区分学生学业成绩的等级差别并不是教学评价的目的，教学评价的目的是对每个学生对教学目标的实现程度进行测评。教学评价不仅是判断学生的学习成绩，还需要对学生的行为习惯、性格特点以及身体素质等各方面的情况进行评价，从而帮助社会、家庭和学校认识教育的价值，对目前只注重智育、片面追求升学率的价值观念进行更正，更好地实现学生的全面教育，提升教学质量，促进学生的全面发展。

5.为教学管理提供可靠依据

教学评价反映了教师的教学质量和教学水平，这也成为教学管理的重要依据，为学校的人事决策提供依据。与此同时，对学生学习结果的评价也可以成为选拔淘汰、晋级复读、毕业等决策的重要依据。

6.为教育科学研究提供工具

评价不仅是教学研究的重要工具，而且也是教学实践中的重要工具。例如，对新旧教材和教学方法进行比较研究，检验教学实验的成败。除此之外，教学质量评价还可以帮助开发教材教具，调查教师素质，设置课程和研究学生能力。

（三）教学评价的类型

教学评价工作十分复杂，根据不同标准有着不同的分类。

1.按评价基准分类

（1）相对评价

相对评价是在被评价对象的集合中选择一个或几个个体作为基准，然后将每一个评价对象与这个基准进行比较，以此来确定每个评价对象在整个集合中的相对位置。常模参照测验是相对评价进行测验的一般方法，它具有广泛的取样范围，通过检测成绩来决定和体现学生学习的相对等级。实际上，常模与学生群体的平均水平相似，因此在这种测验中学生成绩呈现正态分布的特点。采用相对评价来对学生的总体表现和学生间的差异进行了解和比较是很适合的，我们也可以用相对评价比较不同群体之间的学习成绩的优劣。但是这种评价方式也有缺点和不足，主要在于随着群体的不同基准会发生变化，造成评价标准与教学目标相偏离的情况，不能很好地对教学上的优缺点进行呈现，不能为改进教学提供依据和支持。

（2）绝对评价

在被评价对象的集合之外确定一个标准（客观标准），在进行评价时，将评价对象与客观标准进行比较，以判断其优劣，这就是绝对评价。教学大纲及大纲所确定的评价细则一般是评价标准。标准参照测验一般是采用绝对评价的测验。在试题取样之前，先确定预先规定的教学目标，明确测验成绩的主要目的是了解教学目标在整个教学过程中达到的程度，这就造成了学生成绩的分布呈现偏态分布的特点。正偏态是低分多高分少，负偏态是低分少高分多。绝对评价的标准是相对客观的。在评价准确的前提下，评价之后每一个被评价者都能找出自己与客观标准之间的差距，从而激励自身朝着积极向上的方向努力。不过，绝对评价也存在缺陷和不足，主要缺点是很难有绝对客观的客观标准，评价者原有经验和主观意志会对客观标准产生影响。

（3）自身评价

自我评价不是在被评价的群体内或群体外建立一个基准，而是对被评价个体的过去和现在进行比较研究，或者对它的几个方面进行立体的比较。

2.根据评价的功能分类

教学评价按功能分类可以被分为总结性评价、诊断性评价和形成性评价等，具体内容如下。

（1）总结性评价

总结性评价也被称为"事后评价"，指的是在教学活动结束的一段时间后，教师为了解该教学活动的整个过程的最终效果而制订的评价。各学科科目在学期期末或学年末尾进行的考试就属于总结性评价，而考试的目的是检验学生本学期或本学年的学业有没有达到预想的学习目标。教师通过总结性评价可以检验某时期教学工作的质量，并以此判定自己的教学效果，判定自己需不需要对教学内容和方法进行一定的改进。当然总结性评价也可以为下一阶段的教学提供借鉴和参考。从具体量化来看，总结性评价的次数比较少，一般都被安排在学期期中、学期期末考查，中高考、会考等也属于总结性评价。

（2）诊断性评价

诊断性评价又被称为"教学前评价"或者"前置评价"。诊断性评价指的是教师为了查明学生的具体学习准备状况以及影响学生学习的要素而制订实施的测定方法，这种评价操作一般被安排在某一活动开始前。诊断性评价的主要用处包含三点：第一，教师可以通过此法检查学生的学习准备程度。教师经常在课前进行检测，可以更进一步了解学生在学知识前已经掌握了多少技能及相应的发展水平。第二，教师通过此法可以适当安置学生。通过安置性的诊断测验，教师能够深入了解不同学生在学习上的差异，并以此为前提合理调整教学进度，满足学生的多样化需要。第三，教师通过此法可以分辨学生学习困难的缘由。教师在整个教学过程中进行诊断性评价，主要目的就是确定学生在学习上的困难和产生困难的原因。

（3）形成性评价

形成性评价指的是教师在教学过程中进行的评价。教师重视形成性评价可以有效提高自己教学的质量。

形成性评价的主要内容指的是教师在教学过程中，为了改进、完善相应的教学活动而针对学生的学习过程、学习结果所实施的测验。形成性评价可以帮助教师及时了解某阶段教学的成果和学生学习进展的状况、存在的疑惑问题等，方便教师及时做出反馈、调整教学操作。教师可以频繁地实施形成性评价，在一个单元活动后甚至一个章节后都可以安排形成性评价的小测验；同时，形成性评价又是一种绝对评价，其注重判断前期工作的效果。教师想要在教学改进的过程中发挥形成性评价的作用，就要做到如下几点：第一，教师要追溯提供评价的信息，而不是简单地用其鼓励学生或评价成绩；第二，教师要结合形成性评价和日常观察、综合测试的反馈结果和反馈信息，对自身教学水平做出评价和改进；第三，教师要仔细分析形成性评价的测试结果，并逐条逐项地分析学生对试题的回答。如果对于某一道试题，很多学生都给出错误回答，这就说明教师自己的教学出现了问题，教师要及时改正改进。

3.根据评价的方法分类

教学评价根据评价的方法可被分为定量评价和定性评价，具体内容如下。

（1）定量评价

定量评价指的是教师运用统计分析、多元分析的教学手法，从量化角度评价各种数据并总结出规律性的言论。教学本身包含各种复杂变量和相互作用。所以，教师要把握数据的特征、提炼数据的规律，就要根据定性评价来确定定量评价的大方向。定量评价采用的是定量计算的方法，教师运用此法对搜集的数据资料进行分析评估，进而得出结论。定量评价包含很多方法，如百分法、分数法、统计分数法、综合评判法等。

（2）定性评价

定性评价指的是教师运用综合分析、分类比较、归纳演绎等逻辑分析方法，对所获得的评价资料和评价数据进行思维加工的操作。定性评价的结果包括两种：一种是描述性材料，其数量化水平较低，有时会不存在数量；一种是结合定量分析所产生的材料，其包含数量化的概念，却以描述性为主。通常情况下，定性评价既被用于对成品或结果进行检验分析，也被用于分析过程和相关要素。教师在具体教学工作的评价过程中并不会采用数学方法，仅依据学生的平常表现和教师对学生的观察来做出定性评价，如等级法、评定法等。

由上述内容可知，定性评价和定量评价不可分割，二者互相补充、互相促进。教师在教学过程中不可片面强调其一而忽略另一个。

（四）教学评价的相关原则

1.教学评价的全面性原则

教学评价的全面性原则指的是教师在设计教学评价指标时要以整体为基础，既要考虑整个教学过程中的每一处细节，又要区分各个评价指标的质量水平。教师可以为各个指标添加适当的权重，进而区分和强调不同指标的重要程度。

2.教学评价的科学性原则

教师评价的科学性原则指的是教师在设计评价指标、评价方式和评价结论时要时刻秉持科学性原则，设计指标要符合教育学和心理学等的基本原则、体现信息化引领教育现代化的特点；设计评价方式要结合定性和定量；设计结论要具备较高可信度和可比性。

3.教学评价的客观性原则

教学评价的客观性原则指的是教师所设计各个评价指标要能够公正、客观地评价课堂教学质量，可以有效地检测出教师真实的教学水平，规避评价人员主观上的随意性。

4.教学评价的实用性原则

教学评价的实用性原则指的是教师制订的评价指标应该遵循明确具体的原则。教师所用评价方法要简单明了、通俗易懂，以便评价人员和广大教师接受并加以运用。

5.教学评价的指导性原则

教学评价的指导性原则指的是教师在设计评价标准时要保证该标准能够对教学起到指导作用，并可以帮助教师改进教学工作、提高教学质量。

6.教学评价的重视学习原则

教学评价的重视学习原则指的是教师在进行评价时要促进学生学习，提高教学工作的效益。因此，教师在设计评价标准时不光要注重怎么教，还要注重学生本身怎么学。

二、信息化教学评价的概述

（一）信息化教学评价与传统教学评价之间的对比

为了培养具备信息处理能力和独立学习能力的学生、达到信息化教育的目的，教师在教学时一定要适应当今社会的各种教学要素，对信息化教学评价加以运用。信息化教学评价在客观上和传统教学评价存在差别，主要包括以下五个方面。

1.两种评价的目的侧重点有差别

传统的教学评价侧重评价学生的学习结果，以便教师给学生分级、分类。传统教学评价一般由教师根据外部标准对学生某些努力的价值、重要性和优点进行判断，判断学生所学知识的多少。就学习结果的评价来说，传统评价较为正规、具备判断性；而信息化教学中，教师对学生进行评价时主要基于学生的表现和整体的教学过程，对学生应用知识的能力进行评价。信息化教学的侧重点不是学生学到了多少知识，而是学生在学习过程中学到了多少技能。这种评价有些不正规，但颇具建议性。

2.两种评价的标准制订者有差别

传统教学评价的标准是教师依据教学大纲或者教学意图制订而成的，在评价学生整体上相对固定、相对统一，而信息化教学评价注重不同学生个体的个性化学习。在信息化教学中，教师主要起引导和督促的作用，学生在一定程度上可以决定学什么知识、怎么学知识。有学者甚至建议使用"学生控制的教学"（learner controlled instruction）一词来代替这种以学生为中心的教学，学生所"控制"的要素中也包括对"评价"的控制。由此可见，信息化教学的评价标准是由教师和广大学生从实际情况出发，根据学生学过的知识和学生的兴趣、经验以及会遇到的实际问题来共同研究并制订而成的。

3.两种评价对学习资源的关注有差别

在传统教学中，学生的学习资源通常是比较固定的教材和辅导资料，教师往往忽视学习资源的评价。导致只有在教材和辅导材料以成品问世，教师和部分指定的学生才会去检验或评价。而在信息化教学中，学生的学习资源来源广泛，尤其在互联网的介入后，学生的学习资源更加丰富复杂。选择适当的学习资源不仅仅是教师的重点任务，也是学生需要具备的能力。由此可见，在信息化教学的评价里，教师要更加重视评价学生的学习资源。

4.两种评价下学生所获得的能力有差别

在传统教学的评价中，学生往往扮演被动角色。教师通过对学生评价来完成学生的分级、分类工作，学生也仅仅在这些评价反馈中了解自己的学习成绩有没有达到预期的目标标准。但是，在信息化教学中，知识不断更新，一名优秀的终身学习者，必须具备自我评价的技能。培养学生的自我评价能力是信息化教学的一大目标，这也属于教师的评价工作。

5.两种评价与教学过程的整合性有差别

传统教学中，评价活动往往是在教学工作后进行，比较孤立且具备终结性，其目的是教师评判学生的学习结果（图5-2-1）。然而，在信息化教学中，培养学生的自我评价能力和自我评价技术是教师教学的目标。信息化教学的评价具备指导学生学习方向的作用，也使教师能够在教学过程中激励学生。有了信息化教学评价的参与，学生的学习结果才可能达到预期标准。由此可知，教师的教学评价和学生的自我评价存在于真实的教学过程里，且比较自然，这些评价是信息化教学不可或缺的一部分（图5-2-2）。

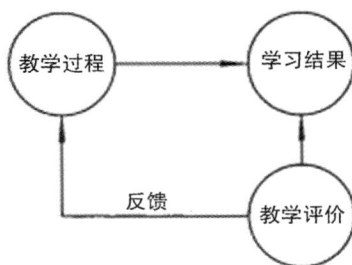

图 5-2-1　传统教学中评价的位置

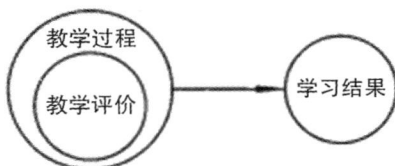

图 5-2-2　信息化教学中评价的位置

（二）信息化教学评价的工具

根据不同的教学目标使用相应的评价方法、对传统方法进行相应的改造以及在不断的探索中寻找并发展新的评价方法是现代信息化教学的必然要求。评价主体为完成评价任务会采取一些相关的技术与方法，我们将这种技术与方法称为评价工具，评价质量就是由评价工具决定的。在具体的教学评价中，各种相关因素也与评价工具存在着较为密切的联系。因此，教师要想在信息化教学中更好地完成对学生的评价工作，就必须要善于利用名种先进的评价工具。

1.学习契约

学习契约（Learning Contract）作为评价方法之一，是由真正的契约与合同演化而来的，因此，我们也可以将学习契约称为学习合同。在此，我们可以通过一个具体事例进行说明。例如，委托人需要建筑设计师为自己做一项设计，在建筑设计师开始着手设计之前，委托人与建筑设计师必须将设计的具体要求、详细的交付日期与设计师应得的报酬做一个详细的约定，并将这些约定好的事项落实在合约中。当建筑设计师如期完成设计、委托人需要对这项设计进行评价时，这个合约就是最重要的依据。学习契约与上述例子中的合约在本质上是相同的。在信息化教学中，以"学"为主是基本原则，而学习与研究活动的主线则是"任务驱动"与"问题解决"。作为一种对学生学习进行评价的评价方式，学习契约能够引领学生高效率地完成任务、有效地解决问题，更重要的是能够实现教师对学生客观合理的评价。

学习契约设计步骤如下：

（1）诊断学习需要。

（2）界定学习目标。

（3）确定学习资源及策略。

（4）确定完成学习目标的证据。

（5）选定评价证据的工具及标准。

（6）师生共同商讨学习契约。

（7）履行学习契约。

（8）评价学习活动。

学习契约的实施要求如下：

（1）说明约定学习契约的目的。

（2）讲解学习契约的范例、要点。

（3）要求学生结合自身学习，列出个人学习契约。

（4）教师与学生沟通，修正并确认契约内容。

（5）学生按照契约进行学习，师生共同检查学习过程与效果。

2.量规

在教育领域，量规（Rubric）是一种结构化的定量评价工具，是为评价、指导和改善学习行为而设计的某种标准或一套标准。在表现形式上，它常常是一个二维表格，从与评价目标相关的多个方面详细规定评级指标。量规评价更多地关注学生的学习过程，在学习之前事先公布量规，能够对远程自主学习过程形成鲜明导向作用。量规评价既可以由教师进行评价，也可以让学生自评或同学互评，进一步强化了学生对学习过程情况的关注。在目前的远程教学中，有越来越多的学习任务以非客观性的方式呈现，传统的客观性评价方式变得难以胜任，而量规评价则可以弥补这种缺陷，因为使用量规进行学习评价可操作性强、准确性高，可以有效降低评价的主观随意性，较好实现对非客观任务的客观评价。在成人远程学习评价中，量规越来越受重视，成为评价学习绩效的有力工具。

在设计量规时应注意以下几条原则。

（1）要根据教学目标和学生的水平来设计结构分量：教学目标不同，量规的结构分量也应不同。例如，在评价学生的电子作品时，教师通常需要从作品的选题、内容、组织、技术、资源利用等方面考虑，而在评价学生的课堂参与性时，又应从学生的出勤率、回答问题情况、作业完成情况、小组合作情况等方面考虑。另外，学生的水平也是决定量规结构的一个重要方面，不符合学生水平的结构分量在评价时往往是没有意义的。

（2）根据教学目标的侧重点确定各结构分量的权重：对量规中各结构分量的权重（分数）进行合理的设置，不但可以帮助教师进行有效的评价，还可以引导学生把握好努力的方向，起到目标导向的作用。结构分量的权重设计与教学目标的侧重点有直接的关系。还是以教师对学生电子作品的评价为例，如果教师的主要教学目的是教会学生学习制作电子作品的有关技术，那么技术、资源利用结构分量的权重应该高些；如果教师的主要教学目的是让学生通过电子作品展示自己的调查报告，那么选题、内容、组织等结构分量的权重则应高些。

（3）具体的描述语言要具有可操作性：在对量规的各结构分量进行解释时，教师应使用具体的、可操作性的描述语言，而避免使用抽象的、概念性的语言。

3.范例展示

范例展示（Example Presentation）这种评价工具的作用是能够使教师对学生的学习预期有一个相对的了解，因此，教师通常会在正式为学生布置学习任务之前，展示一些他人优秀的学习成果。教师会在信息化教学的过程中为学生布置学习任务，这种学习任务必须要通过制作一些如多媒体演示文稿等电子文档的方式才能被顺利完成。在这时，教师提供的优秀范例就可以为学生提供非常好的学习思路，也能够指引学生自己解决在技术与主题方面遇到的难题。教师要努力为学生寻找一些科学的范例展示，这些范例展示能够极大程度避免繁杂或混乱的解释，有利于学生提高学习效率，使其向着学习目标不断努力，也有利于引导学生形成独立学习的习惯，在迷失目标方向时，这些科学的范例也会为他们指点迷津。

4.档案袋

20世纪80年代末，西方的"评价改革运动"进行得如火如荼、轰轰烈烈，档案袋（电子学档）就是在那个时期产生的。档案袋产生的最初目的是完全替代传统的标准化考试评价，将学生经过一段时间的学习后所达到的知识能力水平真实地展现出来，这样能够非常确切地将"学习是一个循序渐进的过程，而对于学习的评价就是对于过程的评价"的思想表达出来。档案袋评价的方式非常典型，它是一种质性评价工具。档案袋评价的最终目的是对学生的实际能力发展状况进行客观的评价，因此，学生与同伴可以对相关材料进行系统收集，通过这些材料分析自己是否在努力、进步，在学习过程中产生了怎样的学习成果与成就等。在档案袋评价这种评价方式中，"关注过程"是最为重要的指导思想。档案袋评价最关注的是形成性评价，除此之外，还非常重视学生的成长、改变历程与表现性行为，不仅关心学生的学习成果，更重视学生的学习过程。在档案袋评价中，学生的成长历程、进步与成就现状能够被很清楚地观察到，这种评价方式是从宏观角度对学生的进步情况进行持续性的考察，而不是仅仅就一个阶段进行评判。档案袋评价最突出的特点就是评价与学习活动紧密相连、不可分割，其追求评价活动与学习活动的一致性，学生在这种评价方式下，需要在规定的时间内收集自己较为典型的学习成果，并且收集的这些学习成果要与教学过程和学习目标有关联。在档案袋评价这种方式中，我们能够对学生在教学评价中的主体地位进行进一步的确定。档案袋内容由学生决定，资料的收集与整理、目录的设计与美化、关于评价的反思与评论等都是由学生完成的。学习者在这个过程中能够增强自我意识，提升其自我学习、自我评价、自我反省与自主成长的能力。

随着时代的变迁，信息技术也有了非常迅猛的发展，其已经突破传统档案袋在制作过程中存在的局限性，使档案袋获得了信息技术的支持，在这种支持下，电子学档（Electronic Portfolio）应运而生。电子学档在信息化教学中共有以下三个功能：第一，电子学档能够借助计算机数据库技术在远程教育中发挥数据收集处理与档案管理作用；第二，对学生的学习行为进行实时跟踪与记录的功能；第三，对学生的自适应学习进行反馈，并随时使用数字化形式记录学生学习档案的功能。现阶段，国家对于电子学档并没有明确的内容与结构规定，这也给了学校非常大的发挥空间，因此，学校在设计电子学档时可以根据学校的具体情况、实际需要与技术条件，设计一款最适合本校的电子学档。

例如，孙晓梅设计的适用于网络学习评价的电子学档包括五个部分：一是个人信息；二是学业信息（与学生的学习相关的信息，包括学习任务、学习计划、学习进度和学习绩效）；三是学习活动记录（与学生的学习过程相关的信息，包括参加讨论的情况、聊天室的发言、请教和解决问题情况、网络课程学习情况和资源利用情况等）；四是作品集（主要是学生的学习成果信息，包括已完成的作业和电子作品、学习的心得体会与课程论文等）；五是评价信息（即学生学习评价的汇总，包括学生对自己学习档案的反思及自我评价、学习同伴的评价教师的评价、各种测验和考试的成绩等）。由于电子学档的设计和使用能够突出学生的网络学习主体与评价主体的地位，注重过程性评价，因此，其实现了网络评价与学习过程的融合，而且在网络技术的强有力支持下，形成了非常方便、快捷、真实的评价体系，所以它越来越被人们重视和应用，已经成为远程学习评价的重要工具。

5.概念图

概念图（Concept Map）这种评价工具是通过图表的形式呈现的，其在指示课、单元或知识领域极为常用。美国康奈尔大学的专家于 20 世纪 70 年代末提出了概念图这一想法，自从概念图被提出之后，就已经开始在课堂中被运用，现如今，概念图已经在发达国家的课堂教学与评价体系中占据了一席之地。概念图，简单来说就是将概念之间的意义联系通过科学命题的方式提出，并辅以具体事例为这些概念做说明，最后在空间网络中将这些基本的概念有机联系起来。概念图这种评价工具是由三部分构成的：第一，学生提供关于知识结构的具体任务；第二，学生反应方式的收集系统；第三，能够准确将学生制作的概念图进行评定的计分系统。

概念图的绘制通常由学生自己进行，这样可以充分体现学生的思维过程。因此，教师可以通过了解学生所绘制的概念图来对学生进行教学评定。

传统教学中，借助于纸、笔，就可以绘制概念图，这种方法工具简单、简便易行，具有一定的优势，但是也存在不足之处，即绘制时间较长，绘制好的概念图难于保存，同时，学生的思维在不断发展，随着对知识认识的加深，其对相关概念与知识的理解也会发生变化，这时，就需要对原有的概念图进行重新制订，但在这种情况下，不仅会浪费一定的教学资源，也需要花费一定的时间。

电子概念图的出现可以很好地解决纸质概念图在绘制过程中存在的不易保存、不易修改等问题，目前，常用的绘制概念图的软件主要有以下两种。

（1）Inspiration 和 Kidspiration

Inspiration 和 Kidspiration 是 Inspiration 公司开发的概念图软件。

Inspiration 具备界面简单、操作直观、容易上手等特点，因此在中小学应用较为广泛。

Kidspiration 的界面配色活泼、简洁，也是面向低龄学生的一种概念图绘制软件，学生可以通过各种图片组合、文本组合甚至是单纯发音来构建和绘制概念图，这种概念图的绘制可以有效帮助儿童提高识字能力。

（2）Mindmanager

Mindmanager 是一种可视化的思维管理工具，能够帮助用户有序地组织思维和资源，使用户头脑风暴和制订工作计划更加快捷有效。

Mindmanager 具有以下特点，即界面直观、操作简单、容易上手，素材库的内容也非常丰富，绘图者可以结合自身需求在概念图中任意加入图片、图表、音视频等多种元素。

相较于其他概念图绘制软件，Mindmanager 最大的优势在于能够与 Microsoft 软件无缝集成，可以快速将数据导入或导出到常用办公软件如 MicrosoftWord、PowerPoint，Visio 等中，可为多场合教学活动的开展提供方便。

6.绩效评估

绩效评估评价方式是现阶段的信息化教学中使用的非常重要的一种方法，这种方法被广泛应用在某种学习模式中，即学生一人或几人选定一个主题任务并将任务成果以电子作品、解决方案或研究报告等形式向老师进行展示。在绩效评估中，学生创造学习成果的过程与按要求完成既定任务的过程都需要被记录，教师记录这些是为了更好地对学生作业的观察、展现、陈述、访问和对学生生成的计划、模仿以及角色游戏工作进行辅助。为了保证绩效评估具备真实性，应当注重学生对知识的应用能力，而不能只要求学生完成对知识的回忆。一份合格的绩效评估应该在反映世界复杂性的同时对学生学习的诸方面成果进行测试，并使学生的才能得到充分展现。使用绩效评估这种评价方式对学生进行教学评价，能够使学生增强对学习的感悟能力，增强其记忆练习与实践训练的深度，并使其逐渐适应所在领域知识的复杂性。

7.模糊综合评判法

模糊综合评判法是一种综合评判方法。这种评价方式是使用模糊数学的模型刻画因素集与评判集，模糊数学的模型是建立在多值逻辑的基础上的。在信息化教学中引入模糊综合评判法能够充分体现出教育评价的特点。多维、不完整、瞬时、非连续性、跳跃式、模糊等属于人的思维特点，这些特点能够与教育评价在指标内容、表现形式与评定结果上形成高度统一，因此，在教学评价中引入模糊综合评判法是信息化教学的必然要求，有利于统一教学评价中的模糊性与精确性。现如今，国内外的评价研究员都采用了模糊综合评判法这种通俗易懂的评价方法。但是这种方法也有弊端，即在解决指标间相关性问题方面帮助不大，因此，其在教学评价的实际应用中仍待完善。

8.计算机辅助测验

学习评价中的计算机辅助测验（Computer Assisted Testing，CAT）是指以一定的教学评价理论为指导，以计算机及其网络系统为主要工具对学习者的学习进行评价。它主要用于量化评价的测试法。在学习中，计算机辅助测验的应用越来越广泛，并逐渐成为主要的学习测验工具。一般来说，计算机辅助测验包括三个子系统：一是编制系统。它支持在计算机中建立题库，并可以根据要求从题库中选取题目、生成测验试卷。二是联机测验系统。它可以使计算机呈现测验题目，学生回答之后，由计算机对其回答即时判定结果并给予评分反馈。三是测验评分与分析系统。它支持测验后期自动评分、统计成绩并报告结果，人们利用计算机对测验本身进行分析和评价，以便不断改进。尽管计算机辅助测验以获得具体的成绩为目的，但在学习评价实践中，它特别适合于学习过程的阶段性测验，学习者通过测验，能够及时了解自己的学习状况，及时调整学习方式，促进自身学习效率。因而，计算机辅助测验可以被看作是过程评价的重要工具。

9.自我评价

自我评价（Self Evaluation）对于学习者来说，能够很大程度上令他们反思在学习过程中出现的问题，并在今后的学习中注意此类问题，从而不断地、有针对性地提高自己的学习水平。在我国，以问卷调查表形式设计出的自我评价表单占据主要地位，但也有少数高校使用量规方式进行。采用问卷调查表形式让学生进行自我评价，能使他们从已有预设答案的问题中获得更加具体的感悟，促进他们重新审视自己的学习过程，并对错误的学习结果进行修改，从而更好地提升自身的自主学习能力。

（三）信息化教学评价的理念

随着教学评价研究的不断发展学习评价的理论和方法已经呈现出了多元化的趋势。现在所衍生出的各种学习评价新理念，如发展性评价、多元化评价、真实性评价、动态性评价和后现代主义评价都越来越多地受到人们和社会的关注。

1.发展性评价理念

发展性评价理念，顾名思义，就是由形成性评价发展而来的，在本质上就是运用恰当的方法和技术对学生的发展现状和发展过程进行评价和解释，当然，这一过程是基于一定的教学目标进行的。除此之外，这种评价理念也能够帮助学生在学习的过程中不断地提升和认识自我。发展性评价理念认为，教学评价要充分尊重个体之间的差异性，这种方式对于激发学生的学习主观能动性和实现自身价值发挥着重大的积极作用。评价这一教学过程与教学本身就是并行的，并且是处于同等地位的。评价并不仅存在于教学活动的最后环节中，更贯穿于每一个环节，是教学活动的重要组成部分，这一环节所存在的最终目标就是促进学生的全面发展，而非只为了评价学生的学习和生活表现。总而言之，发展性评价理念是一种更加强调"以人为本"思想的评价理念，更看重于发现人自身的价值和发掘人的个性和潜能。

2.真实性评价理念

真实性评价最初出现在20世纪80年代末的美国。这种评价方式要求学生运用已学的知识和技能去完成真实世界或模拟真实世界中的一项任务，而评价这项任务完成水平的方式就是观察其是否接近真实生活，任务完成的绩效是根据学业标准制定的评价量规来评定的。真实性评价从某种程度上而言，是对于标准化评价方式的一种有效补充，教师可以根据实际的生活情境交替使用这两种评价方式。从目前的状况看来，真实性评价这种方式已经逐渐走向教学评价的中心，并且成为信息化教学的一种重要评价理念。

一般而言，真实性评价都是包含一个真实性任务的，这项任务的来源大多是某一专业领域的专家所面临的真实生活中的表现或挑战，具有一定复杂性和多维性，要想完美解决问题，学生必须运用在学习中学到的批判性思维等高级认知思维。真实性评价理念存在的目的在某一程度上是让学生展示出他们对于学习知识的掌握程度，其与其他评价方式不同的关键点在于，它所关注的是学生的应用能力，而非简单的理解能力。除此之外，学生一开始就应当了解这种评价的评价标准，这也为学生后续学习提供了清晰有效的指导，方便学生在后续的学习和工作中运用这种标准来要求和评价自己。

3.多元评价理念

现代智力的研究成果显示，学生的学习能力并非单一的，而是体现在多方面的，不同的学生会采用不同的智力方式进行学习，其知识表征和学习方式也具有多种不同的形态。学生在意义构建活动中的特征表现并不是单一的能力反映，而是多维度的综合表现。由此可知，仅仅用单一的评价手段来衡量不同的学生是不可行的，要想全面地反映不同学生的学习状况和成效，应该采用多元的评价理念来进行评价，这样的评价方式才能为学生提供弹性化和人性化的多元发展空间。

多元评价理念所强调的就是评价方式、标准、内容、主体和最终结果的多元化，且十分注重评价和指导的一体化程度。在多元评价理念当中，学生是评价的主体，教学评价应当是基于促进学生发展的理念来进行的，因而我们必须从学习和发展的多维角度和层面来看，关注学生在不同成长阶段所发生的变化，并且要反映出相应的教学信息，不仅如此，我们还要将正式评价与非正式评价放在同等的地位上。这是一种以多元智力理论和建构主义理论为基础，以对学生进行整体性评价为最终目标，主张以平等和民主的心态来理解和体谅学生的评价理念，其运用多样化的教学方式来收集信息。这种多元化的评价理念自 20 世纪 90 年代开始就已经被广泛地应用到世界各地的学科教学评价领域当中，并且已经成为一种评价学生学习的重要策略。

4.动态评价理念

动态评价从理念上来看是具有两层含义的：其一是跨越时间维度来观察学生的进步空间和进步水平，以此来了解学生的认知历程、认知能力以及变化的特征和潜能。其二是评价者与被评价者之间对象的互动变化，所强调的是评价和教学有机结合，这样的评价方式对后期实施个体间的评价诊断与教学补救也具有积极影响。前者可以被理解为教师采取的"前测—教学介入—后测"程序，后者所指的是双方在经历了长时间的互动过后持续进行教与学的过程，这种方式有利于教师了解学生学习前后在知识能力和结构上所发生的改变，以及学习迁移的程度等，从而促进学生的发展和改变教育介入的程度。

动态评价理论来源于著名苏联心理学家维戈茨基的社会发展认知理论。这种评价理论相较于传统的评价方式而言，能够更好地将教育教学与评价的过程整合起来，它不再是为仅仅为学生提供单一时间点上的测验，并以此来进行静态化评价，而是一种更加兼顾过程与结果的评价方式，这种评价方式还可以兼顾社会和个体之间的差异，能够促进师生之间的双向沟通和互动。与此同时，其也可以考察到学生的认知潜能和学习迁移能力。因此，动态评价理论是可以评价和预测学生的最佳发展水准的。动态评价理论认为，评价标准和内容是应当随着教育价值观和社会人才观的改变而改变的，是一种既关注评价结果，又关注评价主体和客体之间的互动反馈的评价理论。它既重视评价后的反馈，也十分重视评价后的改进和调整，使之变得更加科学合理。

5.后现代评价理念

后现代评价理念是基于后现代主义理念的一种评价方式，是建立在对现代教学评价的批判之上的。与现代教学评价理念相比，后现代评价观具有以下几个特征。

（1）更注重定性评价和模糊评价。后现代评价更加注重的是教师、学生以及教学的需要，更加看重人文学科在评价中的应用和融合程度，主要是运用定性的方法对教学过程和参与体验者进行研究和评价。后现代教学评价理念认为，教学过程本身就是一个模糊、很难用精确的数字来表达的过程，因而我们可以使用模糊评价对其进行描述

（2）强调教学评价的个性化。后现代评价理念也十分注重教学过程中个体之间的差异性，这种评价方式不是一概而论的，而是指向某种具体的评价个体。例如，我们常见的教学评价方式——档案袋评价，就是将每一位学生在教学过程中的种种表现等表象特征收集起来，然后对其在教学过程中得到的发展和变化进行评价。

（3）强调评价者和被评价者之间的对话。后现代评价观认为，评价的过程就是心理建构的过程，而这种过程是通过协商的形式来实现的。在后现代评价理念当中，被评价者与评价者是处在相等地位上的，它们之间通过协商来达成共识，最终得出评价结果。

三、基于大数据的教学评价

随着现代教育技术发展越来越趋向智能化，学生的学习评价和分析过程中也逐渐可以见到现代化教学技术的身影。在大数据背景下，数字技术是可以记录学生的学习行为和成果的，如作业点评、测验错误纠正、成绩录入，甚至是课堂上课签到都可以通过电子信息设施设备"打卡"实现，教师将其作为数据录入教学考核，来对学生做出教学评价。

（一）信息数据用于教学评价的领域

1.针对学生学习的评价

（1）学生知识建模评价

学生知识建模评价主要是通过采集学生在学习系统中所产生的数据，如回答正确率、答题所用时间、请求帮助的数量和性质以及错误的重复率等，然后通过大数据分析来构建学生的知识模型。最终评价的结果会通过自动或人工的方式反馈给学生和教师，学生基于这种评价结果，会更加有针对性地进行学习，如教学平台会为学生推送适合的学习内容等，以实现教学过程的个性化。

（2）学生学习行为评价

大数据时代下的学习评价可以帮助教师观察到影响学习结果和质量的各种行为和因素，而这一点是传统的教学评价所不能做到的。传统的教学评价仅仅关注学生的最终学习结果，这种评价方式是十分片面和不合理的。

学生的学习时长、课程的完成状况以及线上线下考试成绩的数据等信息都是能够通过数据被挖掘出来的。在此之后，网络平台会根据收集的信息进行分析、对比和统计，以此来计算出不同学生在行为和结果方面的关联性，最终得出学生的学习行为评价结果。

（3）学生形成性评价

最终的学生综合性形成评价是在采集学生的基本信息和学习数据的基础上，通过数据挖掘和计算的方式构建学生档案后得出的。这种评价方式得出的结果，不仅包含对学生学科学习的评价，还包括对于学生的身体和心理素质，以及兴趣爱好和性格特征等方面的评价。

2.针对教师教课的评价

教师教学的成功与否与教学方案设计具有非常密切的关系。因此，要想评价教师教课的好坏程度，我们可以从教学设计方案入手。

进行教学设计方案评价有利于促进教学设计理论的不断发展；有利于检查教学方案的完整性、科学性和合理性；有利于提高教师对教学过程整体性的再认识；有利于教师掌握教学流程和操作技术；有利于提高教学质量。教学设计方案评价主要包括以下内容，即教学目标、教材内容、学习者、学习需要、教学策略、教学过程、教学模式、课程类型、课程结构等。

任何教学技术都有检验自身缺陷的方法，教学设计方案属于教学技术学范畴，因此教学设计方案也具有评价自身设计缺陷的方法，即教学设计缺陷分析法，具体是从对结果的缺陷考查进行分析，然后再过渡到分析和发现设计缺陷（图 5-2-3）。

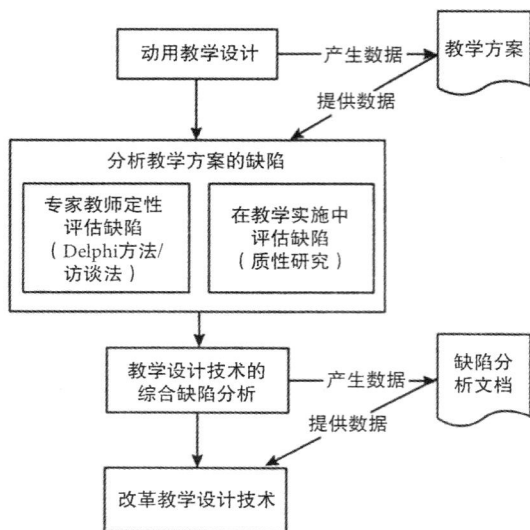

图 5-2-3　教学设计缺陷分析法

针对教学设计方案的评价，还应注意教学设计方案使用后的相关数据的收集与分析，应及时进行某种形式的测验（学生的学习成绩）和问卷调查（学生对教学过程的态度、看法、意见和建议），以便于了解教学设计方案是否具有教育意义。通过收集反馈信息进行归纳和分析，了解学生在教学过程中的实际表现和感受，对其中存在的一些问题给出相应的解释，以及时调整教学设计，并可形成评价结果报告，同时在评价结果后还可附上评价数据概述表、采访记录、图表解析等，以便在后续教学工作中参考。

（二）信息技术支持教学评价的实施

1.数据收集

教育信息化教学系统对教学评价信息数据的收集可以通过人工和智能两种方式来完成，如对学生的上课学习态度的评价，需要教师先做出综合评价，然后将学生的表现进行分值量化，输入计算机保存数据，而其中对学生的上课到课次数可以通过电子打卡自动连接计算机系统软件进行统计。

学生的相关数据不仅包括作业、练习题、实验报告等纸质资料，还包括学生的电子档案袋、学习日志等电子资料。学生数据的收集是一个非常烦琐而复杂的工作，这项工作可以借助不同的信息技术进行完成。

2.数据分析

可以通过技术支撑来实现教学评价的数据主要分为两种类型，分别为量化数据和质性数据。

量化数据较质性数据而言更加简便，我们可以运用专业的统计分析软件对其进行分析，如 Excel、SPSS、SAS 等。除此之外，这种数据统计方式与人力统计相比，还大大提高了数据分析的工作效率，数据分析的结果还可以通过图表和图像等形式直观地展示出来（图 5-2-4）。

测试成绩统计图

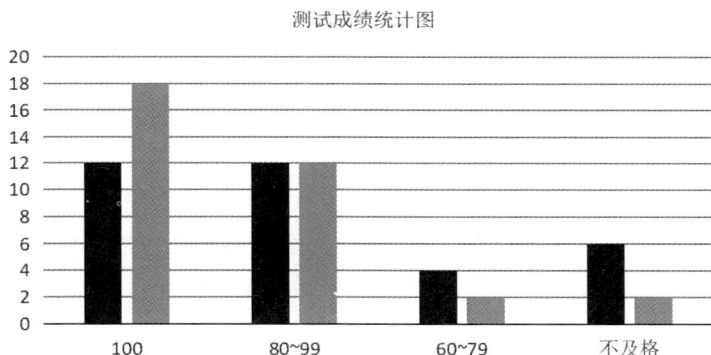

图 5-2-4　测试成绩统计图

质性数据的统计工作比较复杂，往往通过人工完成，工作量较大，还可能掺杂个人主观情感因素，但是，这一部分评价也是必要的，因为关于学生的学习过程中的进步和变化，尤其是态度、情感、智力、行为表现等，单纯借助智能教学设备是难以观察、分析的，必须由教师亲自进行评价。教学评价中，应将量化数据和质性数据结合起来，做出综合统计分析。

四、信息教学评价体系的构建策略

（一）建立科学评价指标

教学评价是一个复杂的系统和过程，从系统论的角度来看，教学目标应具有科学性、简便性与操作性，必须简明、科学，操作性强，便于教学评价工作的顺利开展。这是新时期教学改革对教学评价工作的发展与完善的客观要求。

现阶段，科学建立教学指标应做好以下几点。

（1）在拟定教学评价指标时，要认真分析，逐级分解评价指标，以评价内容的内在逻辑结构为依据，分层次分解教学评价各指标要素。

（2）在筛选已拟定的指标时，应以个人或集体的经验为依据，对评价指标的重要性进行科学、正确的衡量，对指标分量加以权衡，在科学评价理论的指导下选择最佳评价指标。

（3）在教学评价实践过程中，要观察教学评价标准是否科学、合理，对教学评价指标不断进行调整、优化，做到科学评价。

（二）完善教学评价体系

要实施科学教学评价，确保教学评价的客观并具有切实的参考价值，就必须建立完善的教学评价体系，这是教学评价体系自身发展的需要，也是新时期教学改革发展的需要。完善的教学评价体系的构建需要从教学评价体系的构成要素各方面入手，并坚持科学的评价原则。鉴于教学中教师与学生的重要地位，高校教学评价体系的完善应重点做好以下工作。

（1）明确教学评价的重要内容，教学评价应包括教师的"教"与学生的"学"的评价。高校应分别建立和完善的教师教学评价体系和学生学习评价体系。

（2）科学选择教学评价方法。

（3）多种教学评价方法综合运用，以实现不同教学评价方法的不足互补，使教学评价更加科学、全面。

（三）健全评价反馈机制

现代教育发展新时期，健全评价反馈和保障机制，对教学评价有重要的规范和正确引导作用和意义。

信息反馈对于教学过程的改进与完善具有重要的作用，对于教学评价来说也是如此，健全的评价反馈机制有助于评价者和被评价者发现评价过程中的各种问题，从而提出建设性的改进意见，促进教学评价的完善。

（1）高校领导和相关部门应善于深入教学评价实践，总结经验，广泛调取师生的意见和建议，及时收集和整理评价信息，并确保评价信息的客观性和真实有效性。

（2）教学是一个复杂系统，受多种因素影响，科学的教学评价应尽量避免所有的干扰信息，在教学评价反馈机制建立的基础上，还应建立完善的评价监督机制，便于引导、规范教学评价中参与者的各项工作正常、合理地进行，避免利益和人情的干扰。

（3）及时对信息技术应用软件进行维护、升级，避免出现技术漏洞，使一些数据出现错误或者被人为修改，确保信息数据的准确无误和评价的真实有效。

第三节　提升高校教师信息化能力与素养

一、信息化教学教师角色

教师的教学手段随着信息化技术的普及，也变得更加多样化，如智能教学系统、多媒体的虚拟现实情境以及远程教育学手段等。信息化的教学条件不仅增强了教师的教学效果和教学质量，也改变了传统的教育模式，教育理念的革新也导致教师角色发生了必然的转变。传统的"以教为主"的教学理念逐渐被"教学并重"的教学理念所替代，教师也从教学主体变成了教学活动的引导者和辅助者，教学目标也从传授知识向培养创新型人才转变。

本书第一章中，已经对教育信息化发展中高校教师角色转变进行了简要阐述，在这里，我们将进行更详细的分析。

（一）控制者向引导者转变

在信息化教学过程中，教师不再是传授知识的主体，已经从"独奏者"的身份过渡到了"伴奏者"的身份。现代的教学模式主要是以学生为主体去发现、组织和管理知识，教师在其中仅仅是起着引导和指导作用。在现代化的教育背景下，教师仅仅督促学生学习是不够的，还应当引导他们去发展自己的好奇心、创造性、决心以及批判性思维。学生的学习过程应该是一个积极主动的过程，是学生发挥自我主观能动性的过程，是知识构建的过程。教师在学生进行知识构建的过程中，可以为学生提供途径帮助其获取有效信息，使其对信息进行加工和处理，引导学生找到适合自己的知识体系和知识构架。在构建知识体系的过程中，学生要学会独立地去获取和处理信息，这对于发展自身各方面的能力都是十分有帮助的。由此可知，教师在教学理念不断革新的背景下，所扮演的角色必须转变为引导者，只有这样学生们才能不断地取得进步。

（二）局外者向参与者转变

课堂教学的过程不再是教师进行单向知识传输和情感传递的过程，而是师生之间互动更加多样化、连接更加紧密的过程，也可以被理解为是师生之间双向传输的过程。教学模式的改革应该从弱化教材和教师的权威性出发，尊重师生双方的内部情感的体验和价值的变化，以追求主客体之间平等的对话情景，最终实现师生之间真正的对话和互动自由。这就要求教师在教学实践过程中要学会关怀，以此创造出让学生可以独立发展并且获得自由感的学习空间。在这个发展空间中，学生可以感知到教师对于自己的爱护与关注，只有这样，学生才能潜下心来发展和完善自己，真正享受学习。

（三）传输者向创造者转变

众所周知，教师的劳动过程是具有一定创造性和复杂性的，一位青年教师要想从小白成长为专家，必定要经历一个很漫长的过程。在教师的成长过程中，如果仅仅是把自己作为信息的传输者，必定是远远不够的，因而教师要把自己放在创造者的位置上，只有这样才能从中获得更具有价值的学术专业成果。在长时间的教学实践过程中，教师的能力也逐渐向创造力进行转变，由单纯的传输者变成了一位创造者。教师不应当仅仅满足于传递现有的教材内容，还应当在教学活动中依据学生的个体差异性，为学生创设独立的、具有自由和原创性的学习情境和学习空间。

（四）教育者向学习者转变

人民教师的工作性质决定了教师要做一个终身的学习者。近年来世界的发展速度加快，科学技术和文化艺术每天都在以惊人的速度发生着转变。因此，作为21世纪的专业教师，仅仅把目光放在学生上是不够的，还要把自己也当作学生，树立终身学习的理念。教师在教学活动中要具有创新和探究的精神，只有这样才能不断地学习，真正实现学无止境、教学相长。在这个过程中，教师不仅自己会成长，也会因为学生的成长而感到无限的幸福，这也就是教师这个职业的魅力所在。

二、高校教师信息化能力与素养

（一）高校教师应具备的信息化能力

全国高等学校教育技术协作委员会发布了《国家高等学校教师教育技术能力指南（试用版）》，明确地提出高校教师教育技术能力的结构模型，如图 5-3-1 所示。

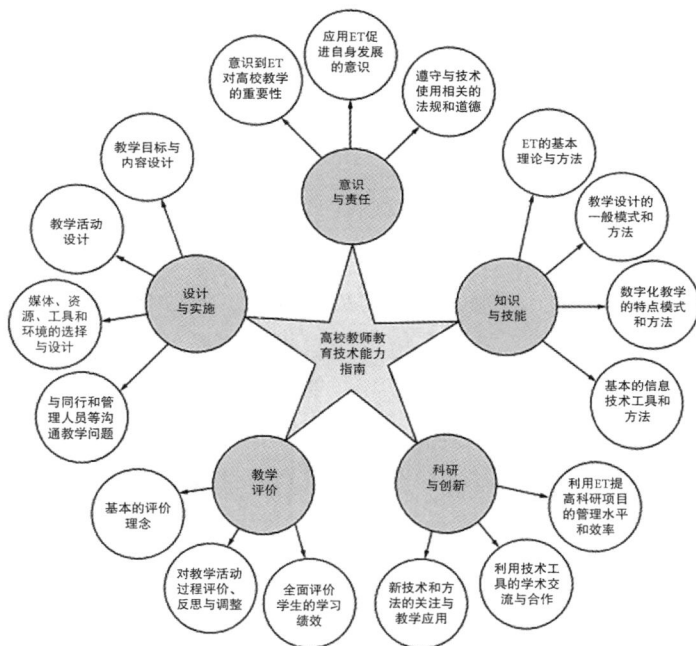

图 5-3-1 高校教师教育技术能力的结构模型

1.意识与责任

高校教师应该首先认识到信息技术对于教学的重要程度，从意识层面认可它存在的价值，并且学会利用这种技术去改变自身的教学实践活动。众所周知，新世纪的人才是需要运用创新的教学模式和教学理念来培养的，而教学创新也必然离不开教学资源的支持，信息技术可以将真实与虚拟的、网络与非网络的、单一媒体和多媒体的各种资源整合起来，高校的多样化教学模式也因此成为可能。

从教师自身发展的角度来看，在高度信息化的今天，高校教师必须拥有终身学习的意识，信息技术能力也将成为考核高校教师的一项重要指标，同时也是完善教师自身能力体系的一项重要举措。同时，高校教师也应该认识到信息技术本身是一把双刃剑。因此，在信息教学模式的应用过程中，教师必须从一而终地遵守相关法律法规，以身作则，为学生做好榜样。

2.知识与技能

教育技术的灵活应用可以促进教学活动的多样化发展与实践，也是教育技术的基本理论和基本技能的一种实践途径。教育技术的基本理论包括教育技术的基本特点、内涵、历史沿革，以及典型的教与学的范式与观点、技术在教学中的一般应用模式等。

随着信息化程度的不断提升，数字化教学早已成为教学活动的一种主要模式。数字化教学一般包括如下内容：数字化资源的基本类型、教学环境的常见活动类型，以及多媒体和网络应用教学的基本模式等。

3.设计与实施

在实际的教学实践过程中，教学设计是一门将理论与应用结合起来的桥梁学科，高校教师应该充分了解教学设计的具体过程、方法和要点。一般而言，教学设计可分为教学目标分析、学情分析、教学内容选择、教学活动组织和教学媒体等多个方面。除此之外需要注意的是，教学设计本身应当是开放的，而不是一个封闭的系统。好的教学设计往往需要教育专家和技术人员等多方面的支持和帮助。例如，当教师在教学活动中需要开发一种新的教学资源，而自己又不具备相关的专业知识和能力时，就需要相关技术开发人员与教师一起来合作完成。

4.教学评价

教学评价主要包括教学前的诊断评价、教学中的形成性评价和教学后的总结性评价三种类型。高校教师应该做到充分了解并能够灵活利用这三种类型的教学评价方式，同时要掌握典型的评价理论来指导评价过程。尤其要注意的是，高校教师在评价的过程中要始终遵循"以人为本"的理念，唯分数论是不可行的。

5.科研与创新

高校教师的一项重要能力特征就是科研能力，科研和创新能力是国家赋予高校教师的一项重大责任，因而在高度信息化的教育时代中，不仅是教学模式需要实现信息化，教研过程也需要得到创新和提升。教研应该首先从教师对自身教学过程的审视开始，高校教师应当充分利用信息技术工具来创设新的教学模型，这对于高校教师熟悉信息化科研系统的操作也是十分有帮助的。除此之外，高校教师还可以充分利用信息技术软件来对实验数据和实验过程进行组织整理，这项工作的进行，不仅可以帮助教师节约大量时间，还可以使教师发现一些平常不易发现的隐性知识。

（二）高校教师应具备的信息素养

信息素养指的就是一种可以识别、获取和加工信息以及有效利用、传递和创造信息的综合性能力。一般而言，信息素养主要包括信息意识、信息知识、信息能力和信息道德四个方面。其中，信息意识是信息素养的前提，主要指的是个体对信息重要性、信息的内在需求以及信息价值的认识和判断力。信息知识是信息素养的基础，主要指的是个体对信息资源、信息工具以及信息学科等方面知识的掌握程度。信息能力就是信息素养的核心，主要指的是个体选择资源和工具，并且利用这些工具进行采集、处理以及创造信息的能力。信息道德是信息素养的保障，指的是个体对信息来源可靠性、相关法律法规的理解、判断和外在表现等。

从对人的基本要求角度来看，信息素养呈现出整体性；而从信息化教学对教师的影响来看，则是体现出信息素养的独特性。由此可知，从不同的角度来看，信息素养的定位也是截然不同的。众所周知，信息化教学的核心就是将信息技术与学科内容进行整合。因此，高校教师的信息素养就应定位在信息技术与学科内容的整合上。所以，教师除了具备基本素养外，还需要具备将信息技术与课程进行整合的能力，以此来体现高校教师的独特性。

总而言之，教师的信息素养内涵可以从信息技术与课程整合方面、信息技术能力方面、信息意识层面等方面进行界定，教师信息素养具体可被分为以下几种类型。

1.信息技能素养

教师的信息技能素养就是指高校教师要具备一定的计算机知识和网络知识，可以灵活运用 Power Point、Flash 等软件来制作多媒体课件，同时还能够利用网络来处理文字信息、图像信息和音频信息等，并且在它们之中建立逻辑连接。除此之外，教师还应当具备利用网络平台采集、加工传递和处理信息的能力，并且能够利用这些平台或自己制作的网站与其他教师和学生进行交流。

2.课程整合素养

课程整合素养就是指教师能够根据学科特点和教学对象，选择恰当的教学媒体和资源，并且将它们融入整个教学活动中去，以此为学生创造出一个自由的信息化教学空间。除此之外，教师还应当掌握多媒体教学的基本过程，并且能够利用网络开展辅助式和交互式教学，以及能够利用信息化评价手段对学生进行过程性评价和总结性评价。不仅如此，教师还应当掌握信息化教学的教学设计理论与方法，并且能够在信息化的教学环境下创设全新的教学模式，真正发挥信息化教学的优势，从而达到提升教学质量的教学目标。

3.信息意识素养

信息意识素养，就是指高校教师应当具备利用信息技术解决实际应用问题的意识和想法，并且拥有使用信息工具改变教学模式的欲望，对于信息的来源和价值也具有较强的洞察力和判断力。最重要的是，高校教师能够遵守网络与文化相关的法律法规，具备良好的道德修养，能够抵御不良信息的侵害。

参考文献

[1] 陈玉琨，田爱丽．慕课与翻转课堂导论 [M]．上海：华东师范大学出版社，2014．

[2] 陈琳，陈耀华．教育信息化概论 [M]．北京：科学出版社，2021．

[3] 冯刚．高校思想政治教育创新发展研究 [M]．北京：中国人民大学出版社，2009．

[4] 邓喜英．新时代高校大学生思想政治教育创新研究 [M]．北京：中国华侨出版社，2021．

[5] 国家信息中心．信息化领域前沿热点技术通俗读本 [M]．北京：人民出版社，2020．

[6] 葛文双．高校教师信息化教学能力的结构框架与培训应用研究 [M]．广州：广东高等教育出版社，2021．

[7] 和汇．信息化教育技术 [M]．北京：科学出版社，2010．

[8] 湖南省教育科学研究院，湖南省教育战略研究中心．信息化教学技能 [M]．长沙：中南大学出版社，2020．

[9] 冷静．翻转课堂的基础理论与高校教学实践 [M]．厦门：厦门大学出版社，2021．

[10] 刘菁，王陆．信息化教育科研方法：发挥技术工具的威力 [M]．北京：教育科学出版社，2008．

[11] 林世员，郑勤华．教育信息化与慕课发展战略研究 [M]．北京：北京师范大学出版社，2020．

[12] 林晶．高校思想政治教育立体化模式构建研究 [M]．北京：人民出版社，2017．

[13] 李晓明．慕课 [M]．北京：高等教育出版社，2015．

[14] 李仁涵. 智能时代高等教育模式研究 [M]. 上海：上海大学出版社，2019.

[15] 马启龙. 信息化教育学原理 [M]. 兰州：甘肃人民出版社，2010.

[16] 马九克. 创建高效信息化课堂 [M]. 上海：华东师范大学出版社，2020.

[17] 马健生，孔令帅. 学习化社会高等教育的使命 [M]. 太原：山西教育出版社，2010.

[18] 南国农. 信息化教育概论 [M]. 2 版. 北京：高等教育出版社，2011.

[19] 倪彤，许文静，张伟. 学会用技术解决问题：全国职业院校技能大赛教学能力比赛技术手册 [M]. 北京：清华大学出版社，2020.

[20] 潘懋元. 潘懋元论高等教育 [M]. 福州：福建教育出版社，2007.

[21] 潘强. 高校网络思想政治教育生态系统构建研究 [M]. 北京：中央编译出版社，2019.

[22] 孙绍荣. 高等教育方法概论（修订版）[M]. 上海：华东师范大学出版社，2010.

[23] 沈书生. 信息化学习设计：聚焦五大维度 [M]. 北京：科学出版社，2020.

[24] 王继新. 信息化教育概论 [M]. 武汉：华中师范大学出版社，2006.

[25] 王继新，左明章，郑旭东. 信息化教育：理念、环境、资源与应用 [M]. 武汉：华中师范大学出版社，2014.

[26] 王莎. 运用大数据优化高校学生思想政治教育研究 [M]. 长沙：中南大学出版社有限责任公司，2022.

[27] 王金涛. 教育信息化背景下的教师专业发展 [M]. 长春：吉林大学出版社，2010.

[28] 王石径. 新时代高校思想政治教育的创新理路与关键问题 [M]. 武汉：华中师范大学出版社，2014.

[29] 王奕标. 透视翻转课堂：互联网时代的智慧教育 [M]. 广州：广东教育出版社，2016.

[30] 吴彦文. 信息化环境下的教学设计与实践 [M]. 2 版. 北京：清华大学出版社，2022.

[31] 吴颖惠，李芒，侯兰. 信息化学习方式教学课例研究与实践 [M]. 北京：人民邮电出版社，2017.

[32] 闫寒冰. 信息化教学设计与实践 [M]. 上海：华东师范大学出版社，2020.

[33] 严月娟，朱怡青. 信息化时代教师职业素养：理论与实训 [M]. 武汉：华中科技大学出版社，2021.

[34] 杨春梅. 高校翻转课堂的有效翻转 [M]. 北京：北京大学出版社，2021.

[35] 姚彩云. 新时代高校思想政治教育工作研究 [M]. 北京：中国财富出版社，2020.

[36] 姚常红，魏佳平，孔艳波. 新时代高校思想政治教育教学的三维转换 [M]. 长春：吉林文史出版社，2010.

[37] 张一春. 信息化教学设计精彩纷呈 [M]. 北京：高等教育出版社，2018.

[38] 张屹. 信息化环境下教育研究案例精选 [M]. 北京：北京大学出版社，2012.

[39] 朱琳. 新时代高校思想政治教育网络平台建设的理论与实践 [M]. 北京：知识产权出版社，2020.

[40] 祝智庭. 现代教育技术：走向信息化教育 [M]. 北京：教育科学出版社，2002.

[41] 伯格曼，萨姆斯. 翻转课堂与混合式教学：互联网＋时代，教育变革的最佳解决方案 [M]. 韩成财，译. 北京：中国青年出版社，2018.

[42] 斯特利. 重新构想大学：高等教育创新的十种设计 [M]. 徐宗玲，林丹明，高见，译. 生活. 读书. 上海：新知三联书店，2021.